Pardon Maman
pour ce qu'ils t'ont fait

Laurence Dezélée

avec la collaboration de
Philippe Legrand

Pardon Maman
pour ce qu'ils t'ont fait

PLON
www.plon.fr

92, avenue de France
75013 Paris
www.plon.fr – www.lisez.com

Mise en pages : Nord Compo
Dépôt légal : avril 2023
ISBN : 978-2-259-31196-0

À Maman et à tous les donateurs passés
par le CDC de Paris Descartes.
Puissent-ils un jour trouver la paix
grâce au travail de la justice.

Prologue

« Un cri de douleur face à l'horreur »

« La parole a beaucoup plus de force pour persuader que l'écriture », écrivait René Descartes, ne pouvant se douter que l'université qui porte son illustre patronyme serait au cœur, quelques siècles plus tard, d'un scandale à l'ampleur probablement jamais égalée. Dès lors, ce livre est d'abord ça : une parole ! Une parole qui dénonce, une parole qui révèle, et surtout une parole qui hurle l'indignation d'une femme, d'une fille. Il est un cri : un cri de douleur face à l'horreur, face à l'inacceptable ! L'affaire dite du charnier de l'université Descartes dont les éléments laissent à penser qu'il s'agirait d'un délit au sens juridique, mais un crime du point de vue moral ! Un délit en ce que le mépris dans lequel étaient tenus les corps de personnes qui ont généreusement, de leur vivant, choisi de faire don de ceux-ci pour que de leur mort, la science et donc la vie avancent, constituerait une infraction pénale. La justice est saisie et l'enquête est en cours. Un crime, en ce qu'une société qui ne respecte pas ses morts, ne pourra jamais respecter ses vivants et se condamne à une extinction à brève échéance. Donner son corps à la science, comme on dit, est un acte suprême de générosité et d'abnégation devant lequel s'incliner est la seule attitude possible, devant lequel tomber à genoux dans un précieux silence est la seule réponse adaptée. Sans ces dons, pas de science, et sans science, pas de vie ! Alors qu'ils méritent respect et honneur, ils n'ont reçu, ici, que mépris et profanation. Personne n'aurait pu imaginer ce qui se tramait dans les couloirs du cinquième étage de l'université Descartes ! Aucune famille n'aurait pu imaginer que l'on portât atteinte aussi longtemps et aussi violemment à l'intégrité des corps de leurs proches, relégués au rang de bouts de viande froide. Aucun enfant, aucun frère, aucune sœur, aucun parent n'auraient pu imaginer que l'on puisse mourir une deuxième fois dans ces lieux où la mort était sublimée en acte de vie. Personne ne savait… ou presque. Car la vérité est que bien du monde savait, la vérité, comme toujours dans pareille affaire, est que ceux qui étaient censés savoir savaient bel et bien !

L'affaire du charnier Descartes n'est pas seulement une affaire, et ce que vous lirez ici, que personne ne s'y trompe, a l'odeur, le parfum, la substance du scandale : le plus grand peut-être que la France ait connu. L'odeur de la putréfaction de l'argent roi, le parfum nauséabond des petits arrangements entres grands amis est au moins aussi forte que celle des cadavres en décomposition tenus pour rien, et procède du même esprit : un monde dans lequel se décomposent la chair de la vertu et du respect. Laurence n'est pas une lanceuse d'alerte, elle n'est pas une justicière, et cette parole publique lui coûte, tant elle voudrait effacer de sa mémoire l'insoutenable et taire à jamais l'indicible. Mais, si elle choisit de parler, c'est pour rendre à sa mère le noble témoignage qu'elle mérite, celui-là même que l'université Descartes n'a pas su lui rendre. Si elle écrit, c'est d'abord pour que la vérité ne soit pas une variable d'ajustement dans cette affaire dont la justice est saisie, mais une quête inlassable. Le système judiciaire français cultive le secret : de l'enquête puis de l'instruction et notamment pour préserver la nécessaire présomption d'innocence et ce livre n'est pas un dossier pénal. Il est cependant son alter ego : il est la partie visible de l'iceberg à laquelle la justice s'intéresse toujours trop peu, notamment faute de moyens : l'émotion ! « Au commencement était l'émotion », pour reprendre Louis-Ferdinand Céline : c'est celle-ci que souhaite partager Laurence à travers ses mots, à travers ses hurlements de douleur, ses cris d'horreur. Elle en a besoin pour guérir, elle en a besoin comme nous avons tous besoin du souffle de vie, celui-là même qui s'éteint à la mort, mais que le don des corps à la noble science, d'une certaine façon, restaure. Elle en a besoin pour rappeler que la nécessaire froideur avec laquelle un juge examine des faits n'a de corollaire que la chaleur de l'homme. Elle en a besoin, mais nous aussi ! Nous avons besoin de ces mots, nous avons besoin de cette lumière de vie au cœur des ténèbres de mort. Mais surtout plus que quoi que ce soit d'autre, nous avons besoin de la vérité ! La vérité qui rend libre, la vérité sur les responsabilités des uns et surtout des autres. Qui savait ? Qui aurait dû savoir ? Est-il possible qu'on ait ignoré ce qui se passait dans les couloirs obscurs de la très lumineuse université Paris Descartes ? Est-ce seulement crédible ? Et toute œuvre qui contribue à la vérité est œuvre de vie, cet ouvrage étant la première pierre de cet édifice.

Prologue

La mère de Laurence est morte deux fois, cet ouvrage veut éviter qu'elle ne meure une troisième fois par une recherche trop timide des responsabilités, par une justice qui donnerait l'impression de passer au lieu de passer réellement, en se hâtant trop lentement.

Maître Fabrice Di Vizio

1

Que fait Maman dans un charnier en plein Paris ?

Cet ouvrage est né d'un dialogue avec Philippe Legrand, auteur, journaliste, présentateur, collègue et ami. Cet échange entre nous est le socle qui porte et oriente les chapitres qui suivent. Il est le déclencheur qui m'a permis de vous confier mes ressentis, comme la révolte qui brûle en moi, les faits connus comme les questionnements. J'aimerais vous dire ici combien ma démarche est sans ambiguïté. Elle relève de l'effet que cette affaire – dans laquelle je me suis retrouvée malgré moi – a produit. Dans mon quotidien, tout au long de mes journées, au cœur de mes nuits, dans mes relations avec les autres, dans ma réflexion sur ce qui pourrait ressembler à des secrets d'État, à des dossiers non élucidés… C'est en pensant à vous et aux chocs qui peuvent nous rattraper les uns et les autres que j'ai souhaité vous livrer ces confidences.

J'ai souvent croisé Philippe Legrand dans le cadre de nos activités radiophoniques. Je l'ai écouté présenter ses émissions sur les ondes. Il nous est arrivé d'échanger ensemble sur nos métiers et le rythme de l'information qui va toujours plus vite qu'on ne le pense, surtout lorsque la machine d'Internet ou de Twitter s'emballe. Et qu'il faut démêler le vrai du faux...

Nous parlions volontiers de choses et d'autres en plus de ces échanges sur l'actualité qui nous passionne. De la vie des médias, des enfants, de l'esprit de famille, du temps qui passe, mais jamais plus en profondeur que cela. On pourrait dire que nous avions pris l'habitude de ces instants où les conversations entre collègues constituent la pause nécessaire pour changer d'air, avant de reprendre le fil des devoirs professionnels.

Jusqu'au jour où Philippe a eu une intuition tout à fait juste. Il a senti qu'il venait de se passer quelque chose de différent des heures précédentes où nous nous accordions quelques minutes à côté de la machine à café. Le style de nos discussions « à bâtons rompus » n'était plus de mise. Il fallait briser la glace d'un lourd secret et parler sans détour. Accepter ce que la confidence finit par avoir de bon sur le moral lorsque l'on franchit le pas.

Je n'avais jamais évoqué sur mon lieu de travail ce que je portais en moi. Ce que je gardais pour ne pas effrayer, pour ne pas donner l'impression de me plaindre ou tout simplement par pudeur. Mais, ce jour-là, Philipe a remarqué, m'a-t-il dit qu'il manquait une étincelle dans mon regard. Je n'arrivais plus à dissimuler ma blessure. Nous étions à Paris, à la radio, avec vue sur la Seine, dans les hauteurs d'un étage qui menait à un vaste panorama, non loin de la statue de la Liberté. La proximité de cette statue aurait-elle eu un effet sur la nécessité qui s'imposait à moi d'en dire plus, d'en finir avec le silence qui freinait justement ma liberté ?

Chacun interprétera – selon sa propre sensibilité, face à l'éventuelle influence de l'œuvre en miniature de Bartholdi –, ce premier jour où j'ai avoué à Philippe ce qui me tourmentait, me rongeait depuis des mois. J'avais besoin de dire, de crier peut-être pour être entendue ou du moins écoutée. Il fallait que tombe, après les torrents de larmes que je réservais à l'intimité de mon appartement, un flot de mots suffisamment crus pour qu'ils frappent l'attention et ouvrent les yeux sur une réalité cachée. La belle littérature n'avait pas sa place ici, pas d'enveloppe romanesque afin d'exprimer ce que bien souvent deux ou trois formules spontanées exposent dans leur brièveté d'une grande clarté. Pas de chemin de traverse non plus pour en venir à l'essentiel, j'ai dévoilé ce que la révélation de cette affaire avait déclenché en moi. Ma rage venait de la violence d'une information que je considérais à juste titre comme étant mienne. C'était le premier jour qui allait en annoncer d'autres où j'allais parler autrement, sur un ton qui ose des vérités.

Ma mère n'en avait pas fini avec sa mort, c'était comme si elle avait été maintenue malgré elle dans une épouvantable agonie, sans que personne le sache. Ma mère avait émis le vœu de donner son corps à la science. En fermant les yeux à l'hôpital, elle s'était endormie pour toujours avec cette certitude. C'était sans compter ce qui allait lui arriver en atterrissant à l'université Paris Descartes. Voir un être aimé mourir deux fois est un choc profond, une bombe à désamorcer pour que cela ne se reproduise plus jamais. Mon histoire, tragique, est aussi la vôtre, car elle renseigne tout autant sur la vie que sur la mort. Ces questions sur l'existence, auxquelles il est difficile d'échapper, trouvent ici des réponses dans mon long parcours pour faire toute la lumière sur le scandale du don de corps, tout en nous aidant à choisir ce que sera la suite après le point final de notre propre vie.

Je prends la plume non pas en tant qu'ex-vice-présidente de l'association CDJD (Charnier Descartes, justice et dignité pour les donneurs), mais en tant que fille de victime de cette barbarie. Après la sidération provoquée par la révélation de l'affaire du charnier de l'université Paris Descartes et devant la lenteur de la justice française à enquêter et à placer les responsables en examen, j'ai décidé de mobiliser mes modestes moyens pour obtenir des réponses à propos des faits qui se sont déroulés dans les murs de la faculté de médecine de Paris 5, jadis l'une des plus prestigieuses de France. J'écris pour toutes les autres familles de victimes qui n'ont sans doute pas eu la force de plonger au cœur de l'horreur. D'autres, dont je suis devenue proche au cours de cette épreuve, ont tenu à témoigner dans cet ouvrage et je les en remercie. J'écris aussi pour me guérir moi-même des démons qui me hantent depuis la révélation des ignominies commises dans le centre du don des corps de Paris Descartes et pour alerter tous ceux qui feront demain le choix de donner leur corps à la science, à la recherche, aux études pourtant essentielles aux progrès de la médecine, et pour tous ceux qui sont guidés par la recherche de la vérité.

Au moment où je rédige ces lignes, il y a trois ans qu'a éclaté le scandale de la faculté de médecine de Paris Descartes, aujourd'hui intégrée à l'université Paris Cité. Les médias, et notamment *L'Express*[1], dans un article d'Anne Jouan qui a eu l'effet d'une bombe fin novembre 2019, ont révélé que, pendant une trentaine d'années au moins – il est impossible de dater précisément le début de cette maltraitance des défunts –, des corps généreusement donnés à la science par des femmes et des hommes altruistes ont été entassés pêle-mêle sur des chariots au centre du don des corps du 45, de la rue des Saints-Pères ; nus, offerts à la vue de tous, au cinquième étage de ce bâtiment de la faculté. Ces dépouilles étaient traitées sans le moindre respect, martyrisées, et faisaient l'objet de trafics en tout genre. Certains des bouchers censés veiller sur nos morts n'ont pas hésité à porter atteinte à leur dignité, souvent

1. Anne Jouan, « Don de corps à la science : un charnier en plein cœur de Paris », *L'Express*, 26 novembre 2019.

pour arrondir leurs fins de mois, dans la plus totale impunité.

Mais au-dessus des petites mains sales qui se sont livrées à ces basses besognes se trouvaient des instances dirigeantes et leurs protégés, mi-médecins, mi-politicards, qui savaient et qui n'ont rien dit. Ce silence est aussi coupable. Aujourd'hui, j'oscille toujours entre chagrin et colère. La fureur me ronge, mais je l'entretiens parce qu'elle reste le moteur qui me pousse à continuer le combat pour que justice soit rendue. Comme les autres membres de l'association CDJD, créée en petit comité lors du premier confinement et dont j'ai quitté la vice-présidence en décembre 2022 afin de retrouver ma liberté de parole et d'action, j'essaie de faire en sorte que cette affaire ne soit pas étouffée. Je livre ce témoignage pour que chacun prenne conscience de ce que des humains sont encore capables d'infliger à leurs semblables, fussent-ils morts, en France au XXIe siècle.

Pour moi, depuis ce 27 novembre 2019, le jour et la nuit ne font plus qu'un. Je passe encore souvent de l'ombre à la lumière, les yeux ouverts pendant vingt-quatre heures d'affilée, même après avoir pris le temps d'analyser ma souffrance pour tenter d'en calmer les secousses. Ces jours sans fin reviennent régulièrement, échos du choc que j'ai subi, du traumatisme qui m'empêche de vivre comme avant. Ces longues journées sans sommeil sont hantées par les images de la découverte macabre effectuée à la faculté de médecine de Paris Descartes ; elles se bousculent dans ma tête, sanguinolentes, aussi terrifiantes qu'une scène de crime.

Ma mère est décédée le 23 août 2015 et a légué son corps à la science. Je n'aurais jamais imaginé qu'elle allait mourir une deuxième fois sous les assauts bestiaux de sauvages sans scrupule, attirés par l'argent facile. Car oui, ma mère est morte une deuxième fois ce jour de novembre 2019 où j'ai découvert ce qu'elle avait subi au centre du don des corps de la rue des Saints-Pères. Après une rude bataille contre une maladie incurable et douloureuse, on l'a tuée à nouveau après son transfert de la morgue à la chambre plus ou moins froide de la faculté, où devait lui être infligé un traitement dont les détails ne sont pas divulgués aux non-initiés. Que lui a-t-on fait ? C'est ce que j'ai tenté de découvrir derrière les portes closes de cette faculté de médecine réputée dans le monde entier. Nous parlons ici de crimes contre les morts. De témoignages accablants. De faits qui accusent et dont la justice a fini par se saisir, puisqu'une information judiciaire a été confiée en juillet 2020 au juge d'instruction Adrien Lallement. Ce dernier ayant été ensuite muté en outre-mer, l'épineux dossier a ensuite été confié à Carole Henry, un an plus tard. La juge sera par la suite secondée par Inès Chérichi.

Ce livre est aussi pour moi un chemin vers la paix, vers un retour au calme, à une existence à peu près normale, faite de jours et de nuits. Mais je ne retrouverai le sommeil que lorsque, au bout de ce combat qui me meut, je pourrai enfin prononcer le mot « victoire ». Et lorsque ma mère, elle aussi, aura retrouvé la paix éternelle qui lui est due.

2

Un tsunami nauséabond vient de me percuter

Pour moi, le cauchemar commence le 27 novembre 2019. Un mercredi comme les autres. Il est aux alentours de midi. Seule dans ma cuisine, je prépare le déjeuner pour mes filles qui ne vont pas tarder à rentrer du lycée. La sonnerie d'une notification retentit. Je saisis machinalement mon téléphone portable pour regarder de quoi il s'agit. Je découvre alors l'extrait d'un article de presse évoquant un scandale médical, éthique et sanitaire en plein Paris. C'est le signal déclencheur. Bientôt, une déferlante médiatique, radio et télévision, en boucle, va m'entraîner au plus profond du malheur. Mais sur le moment, je ne prends pas le temps de déchiffrer le titre de l'article. Pressée, comme souvent, je me plonge directement au cœur du papier lui-même. Mes yeux n'arrivent pas à se détacher des mots « CDC Paris Descartes ». Je connais ce terme, « CDC », mais sa signification ne me revient pas tout de suite. Descartes, au contraire, m'évoque immédiatement la faculté de médecine parisienne. C'est à ce moment précis que je fais le rapprochement avec ma mère, transférée au centre du don des corps de la faculté de médecine de Paris Descartes le lendemain de son décès en 2015.

Sans connaître les détails, je comprends aussitôt que quelque chose de grave, d'inacceptable, va m'être révélé. Mais je suis loin d'imaginer à quel point cette simple info sur mon écran de portable va changer le cours de ma vie.

Lorsque je fais le lien avec Maman, mon corps se met à trembler, comme si j'avais reçu une forte dose d'adrénaline. Mon cœur bat avec une telle force que j'ai l'impression qu'il va sortir de ma poitrine. L'air commence à me manquer. J'ai brusquement très chaud, les mains moites. Je me force à inspirer aussi fort que possible pour faire entrer de l'oxygène dans mes poumons. Mon diaphragme se contracte et une violente nausée m'assaille. Au bord du malaise, je m'assieds en essayant de me calmer. Puis les sanglots m'envahissent. Moi qui, sans trop savoir pourquoi, étais réticente à ce que ma mère donne son corps à la science, je découvre soudain les raisons de ce pressentiment.

L'horreur et l'absurdité de ce que je découvre me tordent de douleur. Moi, la sophrologue qu'on vient consulter pour apprendre à gérer ses émotions, je suis incapable de me réancrer. J'ai beau essayer de passer à la respiration abdominale pour me détendre et calmer mon rythme cardiaque, rien à faire. La contrariété et la colère m'emportent dans un tourbillon de pensées confuses, qui s'entrechoquent à trois cents à l'heure au fur et à mesure de ma lecture. Mon regard revient alors sur le titre de l'article : « Don du corps à la science : un charnier au cœur de Paris ». Le mot *charnier* me percute de plein fouet. D'autres mots et bouts de phrases en rafale – « un bras décomposé », « des sacs-poubelle débordent de morceaux de chair » ou « une tête gît au sol » – m'anéantissent. Je sens bien que tout s'emballe, qu'il faut que je me calme, mais impossible de redescendre sur terre. J'ai l'impression de planer au-dessus de mon corps et d'observer ma propre détresse. Je n'arrête pas de bouger, survoltée par l'adrénaline, bousculée par les émotions négatives. Les bouffées de chaleur, la cage thoracique écrasée. Et puis la colère s'installe, et avec elle une irrépressible montée de violence. L'envie de réduire en bouillie à coups de poing les coupables de cette horreur. Je redeviens brusquement la gamine bagarreuse des cités de Seine-Saint-Denis de mon enfance. Les émotions se superposent comme dans un kaléidoscope. Alors mon esprit dit stop. Il coupe l'alimentation. Tout disjoncte. Comme un *reset* sur un ordinateur. On remet tout à zéro et on recommence. En médecine, on parle de malaise vagal. Le monde devient flou, en noir et blanc, un long sifflement résonne dans mes oreilles. Puis vient l'instant du « déni salvateur », du désir fou de ne rien savoir. Comme si je n'avais rien appris de cette horreur. Si j'avais pu remonter le temps pour ne pas avoir lu ce fichu article qui me rend malade ! J'aurais très bien pu ne pas entendre cette notification et ne pas ouvrir l'article que j'ai devant moi. Pourquoi l'ai-je fait ?

Sur le moment, j'en veux presque à la journaliste de m'avoir aussi brutalement ouvert les yeux avec des expressions comme « charnier », « corps putréfiés » ou encore « rongés par des rats ». Je lui en veux tout en éprouvant une immense gratitude. Je suis furieuse, folle de rage ! Contre toutes les personnes qui ont bafoué l'honneur de ma mère.

Contre Maman elle-même, qui ne m'a pas écoutée quand je l'ai mise en garde. À l'époque, j'ai senti qu'il ne fallait pas qu'elle fasse don de son corps. Comme si je percevais que les choses allaient mal finir. J'avais l'impression qu'elle avait pris sa décision trop rapidement, sans prendre le temps de se renseigner sur le devenir de sa dépouille, même si elle m'avait affirmé le contraire. Nous avons été brouillées pendant de longues années. Pour cette raison, j'en suis même venue à me demander si elle avait fait ce choix pour me punir ou sincèrement pour aider son prochain, pour faire avancer la science. Ou encore pour éviter que ceux qui restent n'aient à se préoccuper d'aller au cimetière nettoyer sa tombe de temps en temps. Finalement, il y avait peut-être un peu de tout ça. Après réflexion, je me suis convaincue qu'elle n'avait pas cherché à me compliquer la vie car sa décision concernait aussi mes filles, qu'elle adorait. Elle a d'ailleurs persuadé mon père d'entreprendre la même démarche avant même qu'il n'exprime ses intentions funéraires.

En tout cas, en cette fin de mercredi matin, il y a urgence. Mes filles vont rentrer du lycée, il faut laisser toutes ces questions de côté, se ressaisir au plus vite. Je ne veux pas qu'elles me voient dans cet état. Il ne faut pas qu'elles apprennent ce que j'ai découvert. Pas tout de suite, pas comme ça... Comment leur expliquer avec calme que leur grand-mère a été trahie de la pire des façons par ceux en qui elle avait toute confiance, ceux qu'elle appelait « les grands scientifiques » ? Une Mamy qu'elles aimaient tant et qui avait fait un choix généreux au risque de nous priver, nous, sa famille, d'un temps pour lui dire au revoir, de vraies funérailles, d'une sépulture, d'un endroit pour venir nous recueillir...

Tout ça pour ça !

Mais c'est sans compter sur l'intuition de mes filles qui comprennent que quelque chose ne tourne pas rond dès qu'elles passent le pas de la porte d'entrée. L'une d'elles me lance : « Qu'est-ce qui t'arrive Maman, tu es toute pâle ? » Je ne sais pas quoi répondre. Je finis par leur dire qu'il vient de se passer quelque chose d'horrible. J'ai peur d'être maladroite, de ne pas choisir les bons mots. Je ne sais pas comment leur annoncer la nouvelle. J'essaie de trouver les termes les plus édulcorés possibles pour expliquer l'inacceptable. À la réflexion, je crois que je préfère qu'elles l'apprennent de ma bouche plutôt que dans les médias. Je fais le bon choix car, dès le lendemain, la presse reprend l'information, qui se répand sur les réseaux sociaux.

Dans l'après-midi, lorsque je me suis calmée, je lis et je relis l'article d'Anne Jouan. Il s'agit bel et bien d'un « charnier au cœur de la capitale ». Je n'ai pas rêvé. Indifférence honteuse, sadisme insupportable, massacres odieux, acharnement à faire le mal. Cela m'évoque le massacre de Srebrenica, en Bosnie-Herzégovine, en 1995, et les fausses communes découvertes sur place. Près de huit mille cadavres de civils musulmans bosniaques y ont été recensés.

Les dates des exactions commises rue des Saints-Pères et décrites par les médias coïncident avec l'année 2015 où ma mère a été transportée là-bas. J'ai beau lire et relire pour me persuader du contraire, j'ai bien compris… Elle fait partie des victimes. Et ce que je ne sais pas encore, c'est que je vais devenir moi aussi une victime collatérale de cette effroyable réalité. Ma vie ne sera plus jamais comme avant. J'ouvre malgré moi les yeux sur ce qui s'est passé et que je redoutais, des années avant que ma mère ne donne son corps au plus grand centre d'anatomie européen.

Depuis ce 27 novembre 2019, plus un seul jour ne passe sans que je pense à ce qu'ont pu subir ma mère et tous les autres donateurs. Il m'arrive parfois d'éclater en sanglots à la simple pensée de toute cette sinistre affaire. Certains jours, j'arrive à vivre avec mon chagrin sans me laisser déborder par la douleur. D'autres fois, se lever le matin pour affronter la journée est un calvaire. Il suffit que je sois plus fatiguée qu'à l'accoutumée et un simple mot, une évocation de ma mère déclenchent aussitôt un torrent discontinu de larmes. J'ai du mal à m'arrêter. Je ne savais pas que notre corps était capable de fabriquer autant de liquide lacrymal.

Les premiers mois, il m'arrive aussi de me réveiller en sursaut avec des images morbides plein la tête. Impossible de me rendormir. Plusieurs personnes de mon entourage, touchées elles aussi par ce scandale, ont fini par accepter de prendre des anxiolytiques afin de réguler leur sommeil. Moi, j'ai refusé. Je me suis remise à effectuer régulièrement mes exercices de sophrologie et j'ai eu recours à l'acupuncture. J'ai compris, avec plus de recul et grâce aux cours du docteur Dominique Servan, qui était mon professeur à la faculté de médecine de l'université de Lille 2, que je souffrais d'un TSPT (trouble de stress post-traumatique). Ma psychologue me l'a d'ailleurs confirmé. J'ai l'impression que le deuil, que je croyais achevé depuis 2015, est à refaire dans son intégralité. Je revois ma mère en train de s'éteindre sur son lit, dans un centre de soins palliatifs de Saint-Denis. C'était un dimanche. Le matin, je m'étais levée en me demandant, comme les jours précédents, si c'était ma dernière journée à ses côtés. Si j'allais rentrer le soir, retourner à l'hôpital le lendemain et ainsi de suite jusqu'à la fin. Combien de temps cela allait-il encore durer ? Je sentais que c'était évidemment difficile pour elle, mais ça l'était aussi beaucoup pour moi. La seule chose que je pouvais lui apporter, c'était de l'amour et un peu de fraîcheur que je glissais dans sa bouche à l'aide d'un petit écouvillon imbibé de liquide hydratant.

Ce dimanche 23 août 2015, les averses jouaient avec les éclaircies dans le ciel quand elle est partie. Il ne faisait pas trop chaud. Quel contraste avec la Floride où j'étais pour quelques jours et d'où je suis revenue en catastrophe pour être au chevet de Maman… Je trouvais même que ses bras étaient froids et je les avais remis sous les draps pour qu'elle ait bien chaud. Lorsqu'elle a rendu son dernier souffle, j'ai hurlé de douleur et le personnel soignant a aussitôt accouru dans sa chambre. En quelques secondes, j'ai vu son sang arrêter de circuler dans son corps et sa peau devenir livide. Elle était morte. On m'a demandé de sortir de la pièce et un médecin est venu constater son décès. Maman a décidé de quitter la vie un dimanche. Or, le centre du don n'acceptait pas de corps ce jour-là. Il fallait donc attendre le lundi pour qu'un transporteur vienne chercher son corps. Pour faire la jonction, le centre de soins palliatifs m'a indiqué que le corps allait passer la nuit à la morgue de l'hôpital attenant et que le lendemain matin le transporteur serait là pour emporter la dépouille vers Descartes.

Étendue sur un chariot, recouverte d'un drap, elle est partie vers la morgue, qui se trouvait à quelques pas. J'étais dans le couloir avec mon père, mon mari et mes filles. Mon regard ne pouvait se détacher de ce brancard qui s'éloignait. J'avais envie de courir pour le rattraper, de lever le drap et de passer encore un peu de temps avec elle, avant que l'équipe médicale ne l'éloigne de moi pour la placer dans un tiroir glacial, toute seule, dans l'attente de son transfert, le lendemain matin, au CDC de Paris Descartes. Je n'ai pas été capable de refréner mon besoin d'être près d'elle jusqu'au bout. C'est pourquoi j'ai demandé par téléphone au transporteur indiqué sur une liste remise par le centre aux futurs donateurs, si je pouvais revenir à Saint-Denis le lendemain matin pour dire un dernier adieu à Maman, juste avant qu'il ne me l'enlève pour toujours. J'ai reçu cette autorisation et j'ai pu passer quelques minutes, seule, dans une petite pièce éclairée par une fenêtre triangulaire et colorée, auprès de son corps désormais glacé. Je lui ai parlé. J'ai remarqué que ses beaux yeux verts n'étaient toujours pas fermés. Je le lui ai fait remarquer en souriant, comme si j'attendais qu'elle me réponde… puis je suis sortie après lui avoir expliqué qu'à présent, et selon sa volonté, elle allait pouvoir rejoindre les murs de l'université et permettre à des étudiants ou à des chercheurs de travailler sur son corps. Je savais qu'à partir du moment où j'allais quitter ce bâtiment, je n'aurais plus de nouvelles de ma mère, qui allait devenir un numéro anonyme au sein du centre du don des corps. Maman m'avait expliqué qu'on me préviendrait seulement lorsque sa dépouille serait incinéré et ses cendres dispersées au cimetière parisien de Thiais.

Alors j'ai attendu, attendu et attendu encore le moindre signe de l'université, mais rien. On ne m'a pas tenue au courant. J'espérais aussi être invitée à la cérémonie œcuménique qui a lieu au crématorium du Père-Lachaise à la mémoire des donneurs de l'année. Maman m'en avait parlé et j'avais trouvé que c'était une très belle idée. Là non plus, je n'ai jamais reçu la moindre invitation. Quand je demandais à mon père s'il avait des nouvelles de son côté, si on l'avait prévenu de la fin des travaux sur le corps de ma mère, il répondait systématiquement qu'il ne savait rien. Il traversait une phase dépressive, n'avait plus goût à rien et se laissait complètement aller. Je savais que les corps pouvaient rester des années dans les frigos, aussi me suis-je résolue à attendre le temps qu'il faudrait. Je suis allée une fois au cimetière de Thiais afin de visiter l'endroit où le corps de Maman, réduit en cendres, serait un jour dispersé. J'ai été surprise de découvrir un carré de gazon rempli de plaques dans tous les sens, de fleurs, de peluches ou de mini-biberons dans des bouteilles en plastique. Il y en avait sous les arbres, sur la pelouse. Tout était mélangé. J'en ai déduit que c'était là également que reposaient les fœtus mort-nés, incinérés eux aussi. Après la révélation du scandale, il a fallu que je fasse une demande écrite au CDC pour obtenir la date – véridique ou non – de la dispersion des cendres de ma mère. Ils m'ont assuré que mon père avait été mis au courant de cette date par courrier.

Lorsque le transporteur de corps a emmené ma mère ce lundi-là, normalement vers le centre du don des corps de Descartes – ce dont je ne suis même plus sûre du tout aujourd'hui –, je n'aurais jamais pu imaginer que, quatre ans plus tard, ce transfert allait revenir me hanter.

Ma mère est brutalement réapparue dans mon quotidien et pas pour me souvenir des bons moments que nous avions pu partager ensemble. Elle s'invite désormais partout où je suis, n'importe quand, comme par surprise, avec un visage blême, défiguré par la souffrance et la mort. J'ai l'impression qu'elle m'appelle au secours.

Après cette macabre découverte, j'ai traversé plusieurs épisodes d'abattement. Ils ne duraient pas longtemps. L'accablement cédait en général la place à la colère. Une fureur qui submerge sans qu'on puisse la contenir, accompagnée de palpitations et de bouffées de chaleur. Il fallait que je m'asseye et que je respire lentement par le ventre pour calmer ces crises. À chaque fois, je me sentais au bord du malaise. L'idée me revenait sans cesse en tête, comme une rengaine infernale, d'aller demander des comptes aux responsables de ce charnier. La raison l'emportait, mais quelques jours après, cette envie répréhensible de me faire justice moi-même ressurgissait. La rage me brûlait les entrailles. Bien entendu, je n'en ai jamais rien fait, au grand soulagement de mon avocat. Il fallait se faire entendre en respectant les règles pour qu'une enquête prenne la relève de cette colère et mette des noms sur ces actes criminels. Car peut-on définir autrement le comportement de personnes qui s'acharnent sur des corps ? Non. Pour moi, les auteurs des sévices qu'ont subis les corps de nos parents sont des criminels. Ils ont trahi la confiance des donneurs et de tous leurs proches.

Le jour de la révélation de cette horreur, entre deux consultations de sophrologie à mon cabinet, je me suis mise à chercher sur Internet tout ce que je pouvais trouver à propos de cette affaire. Je passais entre deux rendez-vous du rôle de thérapeute à celui d'enquêtrice. Je cherchais fébrilement des informations avant que le patient suivant n'arrive.

Mon cœur battait la chamade. Une pensée m'obsédait : comment faire pour retrouver les autres familles concernées par ce scandale ? J'avais le sentiment qu'à plusieurs, nous serions plus forts. Que nous pourrions mieux réfléchir à ce qu'il convenait d'entreprendre, maintenant que nous savions tout le mal qu'on avait fait à nos proches.

J'ai d'abord téléphoné au CDC, mais personne ne répondait. J'appris que le centre a très vite été fermé pour enquête administrative par le ministère de l'Enseignement supérieur et de la Recherche juste après les premiers articles de presse. Dans le même temps, je suis tombée, en première page du site Internet du centre du don, sur quelques lignes d'excuses à l'égard des familles. Dérisoires en comparaison de notre douleur… Personne n'a pris le temps de nous contacter pour des explications. Les personnes qui travaillent au sein de cette faculté de médecine n'ont-ils pas un semblant d'humanité ? Pas un seul n'a eu l'idée de réunir les familles et de les rassurer ou de leur proposer d'entreprendre des recherches sur leurs proches, rien ! Juste ces quelques lignes ridicules sur la toile. Quel manque de considération et d'empathie.

Il a fallu attendre le mois de décembre pour que des psychologues, qui avaient l'air parfaitement étrangers au fonctionnement d'un centre du don des corps et à tout ce qui s'y était déroulé, soient chargés par l'université de répondre aux appels des familles traumatisées. Ils n'avaient pas les éléments pour répondre à nos questions et tombaient très souvent à côté de la plaque. J'ai immédiatement exigé qu'on me fournisse la date de crémation de ma mère et celle de la dispersion de ses cendres car je n'avais jamais reçu la moindre information de l'université à ce sujet. C'est à ce moment-là qu'on m'a répondu que mon père avait été avisé. Le courrier s'est probablement perdu… Plus tard, la faculté m'a envoyé une copie de cette lettre : cinq lignes, où figuraient la date de dispersion des cendres de Maman ainsi que l'adresse du cimetière avec le numéro de la division où sont placés les restes de tous les donateurs. La première fois que j'avais réussi à contacter le centre du don par téléphone, on m'avait répondu qu'il fallait du temps pour retrouver les informations que je réclamais, car il fallait rechercher dans les archives. Ces données ne sont-elles pas numérisées ? Pourtant, dans d'autres centres équivalents, comme à Lille, Tours ou Rouen, où j'ai eu l'occasion de me renseigner, on sait en quelques clics quand un corps est entré au centre et quand il a été incinéré. Les agents que j'ai eus en ligne m'ont affirmé qu'on allait me rappeler. Bien entendu, personne ne l'a fait et j'ai dû décrocher à nouveau mon téléphone la semaine suivante. On m'a alors assuré que rien n'avait été trouvé concernant ma mère. Et puis, comme par enchantement, quelqu'un se trouvant dans la même pièce que mon interlocutrice s'est soudain écriée : « Ça y est, j'ai trouvé ! » J'ai enfin obtenu une date : « Crémation et dispersion des cendres au cimetière de Thiais effectuées le 28 octobre 2015. » Le crédit que j'accordais aux informations provenant du CDC étant très limité, j'ai demandé si je pouvais venir sur place vérifier les registres. On m'a répondu que ce n'était pas possible.

J'ai rapidement fait le calcul : Maman ne serait donc restée que deux mois au sein de cet enfer… étrange brièveté. Elle m'avait pourtant prévenue avant sa mort que les corps restaient parfois rue des Saints-Pères plusieurs années avant de partir à la crémation. Par la suite, j'ai appris que d'autres familles avaient obtenu, en deux appels téléphoniques donnés à quelques jours d'intervalle, deux réponses différentes quant à la date de crémation et de dispersion des cendres de leur proche. Rien de tout cela n'était crédible. J'avais la désagréable impression qu'on continuait à se moquer de nous et de nos proches et qu'on nous disait ce que nous avions envie d'entendre pour avoir la paix. Tous ces mensonges ont fini par anéantir le peu de confiance que nous pouvions avoir envers nos interlocuteurs. Que valait la parole de celles et de ceux qui avaient tenté de camoufler ces agissements révoltants au sein de leur établissement ? Il nous paraissait évident que les mandarins comme leurs exécutants se serraient les coudes. Que la douleur des familles importait peu tant que leur réputation n'était pas entachée.

J'ai toujours été surprise, étant donnée la gravité des faits auxquels nous étions confrontés, de n'avoir jamais pu bénéficier d'une quelconque aide psychologique pour pallier le manquement de l'université, alors que le gouvernement met régulièrement en place des cellules pour soutenir des personnes ayant, comme nous, subi de forts traumatismes. Ce fut le cas récemment après l'assassinat du professeur Samuel Paty. Combien de familles sont aujourd'hui encore, trois ans après la révélation des faits, sous le choc ? Combien de proches sont sous antidépresseurs, devenus insomniaques ou suicidaires, incapables de reprendre une vie normale ? Des spécialistes nous auraient permis de déverser notre chagrin, d'exprimer notre colère ou encore nos craintes. Mais non. Nous avons été laissés livrés à nous-mêmes.

Dans l'article qui a déclenché toute l'affaire, Anne Jouan évoquait un médecin, le docteur Jérôme Marty, qui deviendra célèbre à la faveur de l'épidémie de Covid. L'article expliquait qu'il était président d'un syndicat de médecins, l'UFML (Union française pour une médecine libre) et qu'à ce titre il voulait porter plainte contre la faculté. À l'époque, cette information m'a un peu remonté le moral. Soudain, je n'étais plus seule à vouloir que justice soit rendue. Ce fut comme un déclic. J'ai cherché à joindre ce praticien installé dans le sud de la France. Sa secrétaire m'a promis de lui transmettre mon message et il m'a en effet rappelé. Je lui ai expliqué que je ne savais pas comment retrouver les familles qui traversaient le même cauchemar que moi. Je me doutais bien que je n'étais pas seule dans mon malheur, mais comment faire pour entrer en contact toutes les victimes et éventuellement mener une action conjointe ? Il m'a alors parlé de Maître Frédéric Douchez, un avocat spécialisé dans le droit médical, installé dans la région toulousaine, qui justement défendait son syndicat. Je me suis rapidement renseignée et j'ai en effet constaté que cet ancien bâtonnier du barreau de Toulouse avait régulièrement plaidé dans des affaires liées à la médecine. Il avait l'air de bien connaître les arcanes de la justice, on pouvait donc *a priori* lui faire confiance. N'étant pas spécialisée en droit et toujours sous le choc, je n'ai même pas cherché à me renseigner sur un autre défenseur éventuel.

J'ai trouvé le numéro de son cabinet et je l'ai aussitôt appelé. Il m'a appris que plusieurs autres familles l'avaient déjà approché pour la même affaire et m'a transmis le numéro de téléphone d'un jeune homme, Baudoin Auffret – dont le père avait lui aussi confié sa dépouille au CDC de Descartes –, qui deviendra président de l'association CDJD à sa création. Il avait créé un groupe WhatsApp regroupant plusieurs autres familles de victimes. Je l'ai appelé et nous avons décidé de nous réunir tous à Paris sans tarder pour décider de ce que nous allions mettre en place pour faire avancer le dossier. Me Douchez a accepté de faire le déplacement pour nous rencontrer. Nous étions en décembre 2019, un mois après l'article d'Anne Jouan. Je me suis chargée de trouver une salle pour nous réunir. Nous n'avions pas de temps à perdre et avons jeté notre dévolu sur un hôtel à côté de chez moi, situé pas trop loin de l'aéroport, pour permettre à Me Douchez de repartir rapidement à Toulouse après notre entrevue.

Lors de notre première réunion, nous étions peu nombreux. Certains sont encore à nos côtés aujourd'hui, d'autres ont préféré abandonner le combat. D'autres encore n'ont finalement rien entrepris du tout. Avec le temps, le noyau dur de notre groupe s'est formé. Nous avons profité du premier confinement pour créer notre association. Nous avons rédigé des statuts, défini les rôles de chacun selon ses compétences. Pour ma part, je me suis occupée des relations avec la presse. L'association, dont je suis toujours membre, continue de se battre pour que notre affaire ne soit pas étouffée et pour que le don de corps en France soit plus strictement encadré. Le CDJD commence à être connu et reconnu. L'association s'est dotée d'un site Internet, d'une page Facebook ainsi que d'un compte Twitter. Ses membres et son conseil d'administration se réunissent fréquemment pour décider des prochaines actions à mener. Sur le site, les visiteurs peuvent découvrir des photos de nos manifestations ou d'événements que nous avons organisés pour remonter le moral des troupes et aller de l'avant dans notre combat pour la vérité, qui doit aboutir à un procès tellement attendu. Nos actions visent également à entretenir l'intérêt de la presse sur ce scandale hors norme, afin que l'oubli ne prenne pas le dessus. Il est important de continuer à travailler main dans la main avec les journalistes, dont certains nous suivent depuis le début de notre combat. Grâce à eux, des articles sont sortis dans plusieurs quotidiens et hebdomadaires nationaux et régionaux, comme *Libération*, *Le Figaro*, *Le Parisien*, *Le Monde*, *La Manche libre*, *Ouest-France* ainsi que dans plusieurs autres journaux locaux. Même la BBC a couvert notre affaire et a publié plusieurs articles entre 2019 et 2021. Nous avons aussi fait l'objet de reportages radio sur RTL, France Inter et France Info. En télévision enfin, nous avons été interviewés par France 3, France 2, LCI, BFMTV, ou encore France 5. Mais certains médias ont rechigné à parler d'un scandale qui pourrait effaroucher une partie du public. Manquent à l'appel de grandes chaînes comme TF1, M6 ou encore Canal+. C'est une des raisons pour laquelle notre association mène un combat de chaque instant pour que le charnier de Descartes ne soit pas passé sous silence. Du côté des témoins qui savaient ce qui se passait depuis des années rue des Saints-Pères, beaucoup avaient du mal à parler. Certains étaient mêlés plus ou moins directement aux différents trafics, d'autres protégeaient leurs collègues, d'autres encore craignaient de faire des vagues et redoutaient les risques qu'un témoignage pourrait faire peser sur une carrière prometteuse.

Je suis devenue une sorte d'enquêtrice malgré moi, et je me dois de remercier chaleureusement celles et ceux qui ont accepté de témoigner de ce qu'ils ont vu et même parfois subi. Plusieurs préparateurs de corps m'ont parlé. D'autres n'ont pas osé ou voulu me répondre, probablement par peur d'être reconnus et de perdre leur travail. Malgré tous ces obstacles, certains ont bravé les interdits et se sont ouverts, m'ont fait confiance, souvent parce qu'ils déploraient ce qui s'était produit à Descartes. Je ne les remercierai jamais assez. Tous ces efforts inlassables des membres de l'association portent leurs fruits petit à petit. Nous sommes tous mobilisés, solidaires, et notre première victoire a été l'ouverture en juillet 2020 d'une information judiciaire, puis la mise en examen en juin 2021 de l'université, de son ancien président Frédéric Dardel (de 2011 à 2019) et de deux préparateurs de corps du centre Descartes pour « atteinte à l'intégrité physique de cadavres » qui bénéficient tous de la présomption d'innocence à ce stade de la procédure. Nous attendons maintenant que la justice poursuive ses investigations et procède à d'autres mises en examen.

3

Je vis un cauchemar éveillé

Les enquêteurs ont enquêté, les langues se sont déliées, les journalistes ont fait leur travail et les réseaux sociaux ont joué leur rôle de caisse de résonance. Voilà ce que, jour après jour, ils ont révélé. *L'Express* d'abord, qui a lancé l'alerte, en découvrant « au cinquième étage de la faculté de la rue des Saints-Pères, des cadavres par dizaines, au milieu d'un fatras indescriptible[1] ». Selon l'hebdomadaire, les corps étaient entassés sans ménagement, « parfois recouverts d'une couverture de survie », « parfois jetés là, alignés, certains tête-bêche », sur des chariots, sans drap pour les recouvrir, parfois laissés dans le couloir, à la vue de tous, ou amoncelés dans des chambres froides qui ne réfrigéraient

1. Anne Jouan, « Don de corps à la science : un charnier en plein cœur de Paris », *L'Express*, 26 novembre 2019.

plus. Les pièces où étaient entreposées les dépouilles étaient fréquentées assidûment par les rongeurs et par les mouches, si on en croit les photographies publiées par *Paris Match* en octobre 2020 et en juillet 2021, ou les témoignages de certains préparateurs. Cette situation, pourtant décrite par un rapport du comité d'hygiène, de sécurité et des conditions de travail (CHSCT) de l'institution dès 2014, n'a manifestement provoqué aucune réaction de la part de la présidence de l'université.

Devant ce constat affligeant, une information judiciaire a finalement été ouverte par le juge Lallement en juillet 2020, suivie de la mise en examen du président de la faculté de l'époque, Frédéric Dardel. Lorsque Anne Jouan l'avait interrogé pour *L'Express*[1] sur les pannes à répétition dans les chambres froides, il n'avait rien trouvé de mieux à déclarer que : « Les chambres froides, c'est comme les frigos, ça tombe toujours en panne au mois d'août. » Une petite phrase qui en dit long sur l'empathie de la direction de l'établissement pour les donateurs et pour les conditions de travail de ses collaborateurs. Comparer nos proches

1. *Ibid.*

à de la viande froide, il fallait oser… Outre les pannes de climatisation à répétition, les photographies publiées par *L'Express* et *Match* montrent une épaisse couche de rouille recouvrant la poignée de porte d'un de ces « frigos ». Et le constat s'impose : il était impossible de fermer hermétiquement cette chambre froide. Plusieurs manquements ont été ainsi remontés par Dominique Hordé, secrétaire générale du CDC de 2016 à 2018, qui a effectué un véritable travail de lanceur d'alerte, mails, rapports, dossiers et photos à l'appui, et ce, dès 2016. D'abord sur les chambres froides dont la température pouvait monter jusqu'à 17 °C au lieu des 4 °C réglementaires. Le reste des locaux n'est pas en meilleur état : « Les canalisations n'ont pas été nettoyées depuis près de deux décennies, les sols depuis vingt ou trente ans. Aucune décontamination des lieux de dissection ou de stockage n'a été entreprise sur cette même période[1]. » Dans un autre rapport, Dominique Hordé alerte à nouveau sa hiérarchie sur une invasion de rongeurs et de mouches qui détériorent fortement les cadavres

1. Citation de Dominique Hordé dans l'émission « Le charnier de la faculté de médecine Paris Descartes », Affaire Sensible, France Inter, 8 juin 2022.

entreposés en attente de servir. Enfin, et pire encore peut-être, elle établit la folie des hommes travaillant dans de telles conditions, craignant de futurs dérapages, si ce n'est pire. Elle se mettra par la suite en arrêt maladie avant de jeter l'éponge au CDC après avoir été menacée directement : une tête nécrosée a été déposée devant la porte de son bureau. Son travail a néanmoins payé puisque, après avoir attiré l'attention sur la situation catastrophique, 8 millions d'euros sont débloqués... sans jamais être utilisés avant la fermeture du centre en décembre 2019. En 2020, Madame Hordé s'est jointe aux plaintes des familles et s'est portée elle aussi partie civile. Comment de telles négligences étaient-elles possibles ? Anciens étudiants et ex-membres du personnel de Paris Descartes, tous parlent de l'odeur insupportable qui régnait dans les locaux, qui collait à la peau et restait présente sur le corps même après plusieurs douches.

J'ai tenté de comprendre par moi-même comment les choses se passaient au centre de la rue des Saints-Pères et quelles étaient les procédures habituelles dans les cas de don du corps. Au cours de mes recherches pour la vérité, j'ai rencontré une femme qui souhaite garder l'anonymat. Elle est médecin, elle a fréquenté les lieux en tant qu'étudiante, et m'a raconté durant l'été 2022 comment, dans le couloir du cinquième étage, avant d'arriver dans la salle de dissection, elle était déjà assaillie par les émanations des cadavres putréfiés. Elle devait remonter le col de son pull-over devant son nez pour tenter de la camoufler.

J'ai également eu l'occasion de rencontrer son père, un anesthésiste, qui a lui aussi souhaité rester anonyme par crainte de représailles mais qui est souvent intervenu aux Saints-Pères. Il s'est souvenu d'avoir refusé de travailler sur un cadavre complètement nécrosé et dégageant une odeur pestilentielle. Il avait pourtant payé ce corps au tarif en vigueur, environ neuf cents euros, selon ses souvenirs. C'est en effet le montant évoqué par les journaux qui ont enquêté sur l'affaire : entre quatre cent vingt et neuf cents euros, selon l'état du « matériel » pour obtenir un corps à fins de recherches médicales alors que la gratuité devrait être la règle. Ce système tarifaire avait été mis en place en 2011 par le conseil d'administration de l'université et justifié par Fréderic Dardel, pour qui il était « normal que ceux qui utilisent les corps les paient ». Il aurait ajouté que ces prix n'étaient

« pas scandaleux »[1]. Il était en effet courant que des personnes extérieures à la faculté, mais appartenant au monde médical, viennent pratiquer des dissections au CDC, moyennant finances, pour travailler sur un corps ou une partie de celui-ci, selon leurs besoins. Des écoles d'ostéopathie le faisaient régulièrement, de même que des étudiants qui préparaient leur diplôme universitaire d'anatomie, ou encore des chirurgiens en activité, mais qui se spécialisaient en esthétique ou en neurologie et venaient s'entraîner régulièrement sur place pour ce changement de pratique.

L'anesthésiste qui a accepté de se confier à moi a disséqué dans plusieurs laboratoires en France et à l'étranger et il m'a confirmé que Descartes était vraiment l'un des pires établissements de ce genre. Pour lui, c'est au Centre d'étude et de recherche en anatomie humaine et comparée (CERHAC) d'Angers où il a pratiqué pendant deux ans que les conditions de travail étaient les plus correctes et que le personnel était le plus respectueux des défunts. L'intimité et l'intégrité des corps y étaient respectées. Des champs

1. Board, « Charnier, organes vendus… Le Centre de don des corps de Paris Descartes fait scandale », *Ouest France*, 27 novembre 2019.

stériles étaient utilisés sur chaque cadavre pour ne laisser apparaître que les parties à disséquer, tandis que le visage des défunts était systématiquement recouvert. Les morts y sont donc traités comme les vivants. Sur chaque corps, les veines et les artères étaient injectées de produits de couleurs différentes par les préparateurs, ce qui simplifiait ensuite les dissections. Le même soin était apporté à la conservation et au respect des dépouilles. À Descartes, selon ses dires, « les corps étaient uniformément gris… ». Impossible de différencier les nerfs, les veines, les artères ou encore les tendons. Pour ce médecin, si les conditions de travail étaient également très correctes dans les laboratoires d'anatomie de Clermont-Ferrand et de Lille ou au CHU de Poitiers, d'autres centres où il a pratiqué ne seraient pas non plus exemplaires en matière de propreté ou de respect des cadavres. Il m'a raconté par exemple avoir découvert, dans un centre breton, un bassin dans lequel flottaient des morceaux de corps inutilisés et jetés là. Dans un autre, l'odeur de pourriture était insoutenable des sous-sols jusque dans les étages.

En attendant, aucune des précautions citées n'était prise à Descartes, où les corps appelés à être disséqués étaient régulièrement laissés nus, tête-bêche sur un même chariot avant d'être confiés au bistouri des chercheurs. Les travaux terminés, mon témoin m'a précisé qu'il était d'usage de remettre les corps dans l'état le plus présentable possible, même si certaines études peuvent être très mutilantes. Dans ce cas, les cadavres partaient directement à l'incinération, après avoir été recousus malgré tout. Les familles étaient ensuite prévenues que les travaux étaient terminés et que leur proche allait partir à la crémation. Voilà pour la théorie, en effet, nombre d'entre nous n'ont pas été tenus informés après que le corps de leur proche eut achevé de servir. D'autres ont dû se contenter d'un courrier indiquant que le corps avait été brûlé et les cendres dispersées, sans autre forme de procédure. Les plus chanceux, pas plus de 50 % *a priori*, furent conviés à une cérémonie œcuménique au Père-Lachaise.

Les ostéopathes, comme les anesthésistes ou les chirurgiens, s'entraînent fréquemment sur des cadavres en bon état parce qu'il n'est pas acceptable, déontologiquement, de confier à des praticiens inexpérimentés des patients vivants pour se « faire la main », comme ils disent dans leur jargon. Sous couvert de l'anonymat, une ostéopathe habituée du cinquième étage de la rue des

Saints-Pères m'a confié que lorsque les élèves arrivaient et patientaient dans le couloir menant aux salles de dissection, les corps étaient déjà en place, posés sur des chariots, prêts à être installés dans la salle. Ils n'étaient parfois pas recouverts de draps, comme le veut normalement la tradition au sein des laboratoires d'anatomie, ce qui choquait beaucoup d'élèves. Elle m'a également raconté qu'au cours d'une séance, alors qu'elle était étudiante, des préparateurs étaient entrés sans s'annoncer dans la pièce où elle et ses confrères s'entraînaient, annonçant qu'il leur manquait des têtes. Sans aucune gêne, ils avaient alors décapité les défunts devant les étudiants. L'expérience l'avait traumatisée, et c'est la première chose qu'elle m'a confiée lorsque j'ai discuté avec elle du scandale dont ma mère avait été victime.

Pour beaucoup d'étudiants en médecine, la première dissection est toujours une épreuve, souvent un choc. Les premières nuits après une journée passée à découper des corps pour en examiner les structures internes sont souvent difficiles et peuplées de cauchemars. Impossible cependant d'en parler aux professeurs sous peine de moqueries. « Si tu n'es pas capable d'encaisser, tu n'as rien à faire là, m'a expliqué cette ostéopathe. Alors, on serre les dents et le lendemain matin, on y retourne. »

Au centre du don des corps de Paris, afin de préparer les cours des apprentis médecins et chirurgiens, des pièces anatomiques étaient préparées et donc retirées des corps. Il semble cependant, d'après plusieurs témoignages, qu'il n'y avait pas de pièce dédiée à ces démembrements. Certains corps étaient donc découpés à même les couloirs par des préparateurs en anatomie souvent irrespectueux, parfois alcoolisés ou juste malveillants. Selon des éléments recueillis en mars 2020 par la cellule investigation de Radio France, l'un d'eux se faisait des colliers avec les oreilles des cadavres. Certains jouaient au football dans les couloirs avec des têtes. Un autre urinait dessus. Une dépouille aurait également été poignardée par un préparateur colérique qui a soudain eu envie de se défouler. D'après le procès-verbal de l'audition de ce dernier, obtenu par *Le Monde*, il aurait reconnu que « ce n'était pas acceptable, comme geste ». Selon les mêmes témoignages, des fluides corporels et des restes de viscères traînaient sur le sol, ce qui obligeait le personnel à patauger toute la journée avec ou sans bottes dans un liquide visqueux et nauséabond.

Un article rédigé par Anne Jouan pour *Paris Match* en juillet 2022[1] révèle que lorsqu'il a été question de repeindre les murs d'une des chambres froides en 1994, les services techniques auraient découvert une couche de boue de cinq centimètres sur tous les murs. À mieux y regarder, ils auraient fini par comprendre que ce n'était finalement pas de la boue, mais du sang séché accumulé au fil des années. Le moindre franc, puis euro, était précieux au CDC. Pour faire des économies, toujours selon Anne Jouan, on demandait au personnel d'entasser parfois jusqu'à deux cent trente kilos de restes dans un seul cercueil avant qu'il ne parte pour la crémation, en infraction au Code de la santé publique qui régit les opérations de dons de corps à la science (article R1261-14).

Lorsque j'ai pris contact avec le CDC à la suite de la révélation du scandale de 2019 et que j'ai posé tout un flot de questions aux personnes qui répondaient au téléphone, on m'avait assuré que les crémations se faisaient avec des corps entiers

1. Anne Jouan, « Charnier de Descartes : le business de l'innommable », *Paris Match*, 7 juillet 2022.

et qu'il n'y avait qu'une seule personne par cercueil. Une réponse inexacte, une fois encore. Et que dire de la façon dont les cadavres étaient transportés d'un endroit à l'autre au sein de la faculté ! L'article de *Paris Match* précité révèle notamment que le monte-charge qui servait à déplacer les corps tombait régulièrement en panne. Les préparateurs interrogés au cours de l'instruction par la juge Inès Chérichi ont ainsi expliqué que pour déplacer les sujets, ils étaient alors contraints de passer par les escaliers en les portant sur leurs dos ou bien – lorsqu'ils étaient trop lourds – en les faisant glisser de marche en marche jusqu'à l'étage désiré.

Il a fallu attendre le travail formidable et les révélations d'Anne Jouan, de Rémi Dupré[1] (*Le Monde*), de Julie Brafman[2] (*Libération*), de Sophie Broyet[3]

1. Rémi Dupré, « Affaire du “charnier de Descartes” : “Je comprends que ce soit choquant, mais on n'avait pas le choix” », *Le Monde*, 14 juillet 2021.

2. Julie Brafman, « Scandale du don des corps : à Paris Descartes, le cambriolage fantôme », *Libération*, 13 avril 2021 ; « Scandale du don des corps : autopsie des responsabilités », *Libération*, 28 avril 2021 ; « Scandale du don de corps : des alertes répétées et une “atonie” généralisée », 19 juin 2021.

3. Sophie Boyet, « L'Œil du 20 heures », TF1, 1er juin 2021, « Crash test : des familles en colère ».

(France 2) et d'autres encore, enquêtant sur le scandale pour pousser la justice à enfin se saisir de la question en ouvrant une instruction, huit mois après le début de l'affaire. Par leur travail, salutaire, ils ont contribué à permettre et faire avancer cette instruction, toujours en cours en 2023. Les documents sur lesquels Anne Jouan a mis la main[1] laissaient peu de place au doute, et les juges d'instruction chargés du dossier (successivement Adrien Lallement, Carole Henry et Inès Chérichi) ne pouvaient plus remettre en cause la véracité des informations recueillies.

En découvrant ce qui se passait derrière les murs du CDC, j'ai bien sûr pensé à Maman et aux autres donateurs mais, malgré moi et à ma grande surprise, j'ai aussi éprouvé une sorte de compassion pour celles et ceux qui ont travaillé dans cet enfer au quotidien. À quoi pouvaient-ils bien penser en démembrant des corps toute la journée ? Avaient-ils des familles ? Que pouvaient-ils raconter à leurs enfants le soir en rentrant à la maison qui ne serait

1. Elodie Guéguen, Anne Jouan et la cellule d'investigation de Radio France, « Scandale du don des corps : 10 documents qui montrent que les autorités savaient », France Culture, 13 mars 2020.

pas terriblement sordide ? Arrivaient-ils à dormir ou bien étaient-ils hantés par les cadavres qu'ils malmenaient ? À une époque où on parle beaucoup des risques psychosociaux en entreprise, il y aurait beaucoup à dire de la situation au CDC et des conditions de travail épouvantables des employés. Ce ne sont pourtant pas les alertes et les audits qui ont manqué.

Après deux passages au centre le 19 juin et le 20 novembre 2014, le CHSCT[1] (comité d'hygiène, de sécurité et des conditions de travail) de la faculté note « la présence de rongeurs vivants » dans les chambres froides. Il estime également que « la disposition des locaux ne permet pas de respecter la dignité des sujets ». Il déplore que « les agents préparent [*démembrent*] les sujets dans un couloir [...], rendant non seulement difficile le travail mais nuisant aussi à la dignité des sujets ». En conclusion, les membres du CHSCT central insistent « sur la nécessité de rénover entièrement les locaux du CDC ». Malgré ces alertes répétées,

1. Source : Elodie Guéguen, Anne Jouan, Cellule investigation de Radio France, « Scandale du don des corps : 10 documents qui montrent que les autorités savaient », France Culture, 13 mars 2020.

rien n'a bougé pendant toutes ces maudites années. Comment est-ce possible ? Comment se fait-il que cette horreur n'ait pas fuité hors des murs du centre ? Si on en croit le professeur Guy Vallancien, directeur du centre du don des corps entre 2004 et 2014, interrogé sur BFMTV le 28 novembre 2019 dans l'émission « BFM Story », il aurait souhaité faire venir la presse dans les locaux du CDC mais les journalistes auraient refusé « car ils ne voulaient pas voir de morts ». Étrange lorsqu'on connaît le goût des chaînes en continu pour ce type d'information. Comment, par ailleurs, imaginer que tous les journalistes invités aient refusé de faire le déplacement ? Cette argumentation est-elle crédible ? Permettez-moi d'en douter. Les nombreux témoignages et documents publiés dans les médias confirment que l'état de délabrement du centre du don des corps de Paris Descartes était connu de la plupart des responsables concernés, mais que la loi du silence régnait au plus haut point. Un anesthésiste dont j'ai recueilli le témoignage m'a confirmé que tout le monde dans le milieu médical parisien savait ce qui se déroulait au cinquième étage de la faculté, mais que, par manque de preuves, par peur de représailles pouvant aller jusqu'à l'arrêt d'une carrière, personne, des femmes de ménage aux instances dirigeantes de la faculté, ne souhaitait s'exprimer.

Président de l'université Paris Descartes de 2007 à 2011, le généticien Axel Kahn, disparu le 5 juillet 2021, a comme les autres toujours assuré qu'il ne savait rien, ou si peu… Dans les différents entretiens qu'il a accordés, en 2019, à *Sciences & Avenir*[1], ou, en 2021, à Radio France, il plaide la bonne foi et assure qu'il n'a jamais visité le centre du don des corps, n'ayant que peu d'intérêt pour l'anatomie. Il ajoute n'avoir jamais été alerté de la situation. Comment donc ces brillants chercheurs, anatomistes, chirurgiens, professeurs de médecine accompagnés de leurs élèves ont-ils pu se taire pendant toutes ces années ? En tout cas, ils l'ont fait. La cellule d'investigation de Radio France a pourtant réussi à récupérer en mars 2020 des documents accablants[2]. Parmi ces derniers, le compte-rendu, en 2012, de trois inspecteurs mandatés par le directeur général des services de l'université – le médecin du travail

1. Olivier Lascar, « Stockage "indigne" au centre du don des corps : entretien avec Axel Kahn », *Sciences & Avenir*, 29 novembre 2019.

2. Élodie Guéguen, Anne Jouan et la cellule investigation de Radio France, « Scandale du centre du don des corps de Paris : qui savait ? », France Inter, 13 mars 2020.

Isabelle Roque, Marion Clopez-Lelong, ingénieure en prévention des risques et Yann Coutard, ingénieur hygiène et sécurité –, qui atteste que des corps contaminés par les virus de l'hépatite B et C ou le VIH ont été donnés à disséquer aux étudiants et qu'ils ont été manipulés par des médecins sans que ces derniers en aient été prévenus. Comment est-ce possible alors que des analyses sérologiques, outre les certificats de non-contagion, sont obligatoires pour entrer en tant que « sujet » dans ce qui semblait être le temple européen de l'anatomie ?

Devant toutes ces questions restant sans réponses, j'ai décidé d'aller moi-même à la source. Je me suis débrouillée pour obtenir les coordonnées de préparateurs qui avaient officié à Descartes. L'un d'eux a accepté de me parler. J'ai pu le rencontrer au fil de mes investigations. Il m'a confié avoir été témoin d'un scandale supplémentaire : « Positif au VIH ou pas, les corps ou juste les têtes étaient parfois données à disséquer », m'a-t-il dit. Chaque corps qui entre dans un centre du don des corps en France doit systématiquement être dépisté afin de détecter d'éventuelles maladies infectieuses. Cependant, afin de gagner du temps et de bénéficier au plus vite de corps frais, ces tests sont parfois négligés.

Malgré ces graves révélations quant aux lacunes d'hygiène et de sécurité, il semblerait qu'à ce jour la juge d'instruction chargée du dossier n'ait pas encore interrogé cet homme. Il a certes été entendu par la police, mais depuis, plus rien. Je ne peux pas m'empêcher d'imaginer que des étudiants aient pu être exposés – voire contaminés – à de graves maladies, pour certaines incurables. Leur faire courir de tels risques est à vomir. Et pourtant, on imagine mal le prestige dont jouissait l'ancienne université Paris Descartes – intégrée depuis 2019 dans l'université Paris Cité –, et son annexe du 45, rue des Saints-Pères. Quel futur étudiant en médecine de ma génération n'a rêvé d'intégrer ce prestigieux établissement au cœur de Saint-Germain-des-Prés pour apprendre auprès des meilleurs professeurs ? Dans les années 1980-1990, Paris Descartes avait une réputation d'excellence. Il était difficile d'y entrer et surtout d'y rester en raison du fameux *numerus clausus* qui fut le cauchemar de bon nombre d'étudiants. « Beaucoup d'appelés et peu d'élus », comme disait mon professeur de biologie.

« Les Saints-Pères », comme l'appellent ceux qui y sont passés, est un gros bâtiment gris, austère, avec à son fronton quarante-cinq sculptures en forme de médaillon, dont l'une, non loin de la porte principale, représente justement l'art de la dissection. Le bâtiment fut construit dans les années 1930, sur l'emplacement où s'élevait au XVIIe siècle l'hôpital de la Charité. C'est le conseil municipal de Paris qui, en 1927, a décidé de vendre ce terrain à l'Éducation nationale pour y construire la prestigieuse université Paris Descartes. L'hôpital a définitivement fermé en 1935 et la démolition a commencé. Seule est restée la chapelle de l'hospice, qui abrite en son cœur le petit amphithéâtre où l'inventeur du stéthoscope, René Laennec, a suivi les cours de Jean-Nicolas Corvisart (le médecin personnel de Napoléon Ier) et où il a lui-même enseigné quelques années plus tard. Imaginez la chance d'étudier dans un endroit où Laennec lui-même a usé ses fonds de culotte.

La construction de cette nouvelle faculté avait pour but, à l'époque, de désengorger les locaux de l'ancien établissement du 12, rue de l'École-de-Médecine. Les travaux arrêtés pendant la Seconde Guerre mondiale ne reprendront qu'à la reconstruction. L'achèvement du bâtiment sera effectif en 1953. La faculté sera alors inaugurée par le président de la République Vincent Auriol.

Au cours de mes recherches, j'ai découvert que la plomberie, le chauffage, l'électricité ou encore la ventilation des lieux avaient été conçues avant 1940. Les finitions ne sont intervenues qu'après la guerre. Intéressant quand on apprend, des années plus tard, que les installations du centre du don des corps, au cinquième étage de l'édifice, n'ont jamais été révisées depuis sa fondation en 1953… Voilà qui explique en partie l'état du carrelage orange, crasseux, ou celui des rigoles et des canalisations que révèlent les photos des lieux et que des témoins ont décrit comme bouchées, débordant de liquides corporels nauséabonds, jamais purgées. Tout est resté en l'état des décennies durant. Mis à part les chambres froides, qui ne réfrigéraient plus et qui tombaient souvent en panne, il n'y avait pas non plus de ventilation ni de climatisation en salle de dissection. Lorsque le soleil tapait sur les vitres, il faisait donc une chaleur infernale, en 2019, comme soixante ans plus tôt.

4

Un trafic de corps dans les beaux quartiers

Les enquêtes, les reportages, les échanges également avec les familles mobilisées ont imposé de nouvelles conclusions, glissant un peu plus vers l'horreur. Il ne serait pas seulement question de négligence administrative et humaine car il est désormais avéré, sans aucun doute possible, qu'un trafic de corps et de pièces anatomiques s'organisait bel et bien dans l'enceinte de la rue des Saints-Pères. Je croyais avoir atteint le summum du sordide, mais il n'en était rien. Au fur et à mesure des articles de presse, j'ai découvert qu'à condition de payer, l'étudiant en médecine, le collectionneur, le laborantin et peut-être même le particulier pouvaient venir chercher sa commande comme dans un simple drive : une tête, un pied, un bras, un corps entier… Et cela, notamment le samedi matin, journée de moindre activité. Depuis combien de temps ce trafic s'exerçait-il ? Plus de trente ans, selon Anne Jouan. Mais il n'est pas impossible que les maltraitances des corps et ce négoce macabre aient commencé en même temps que la création du CDC dans les années 1950. La justice nous apportera peut-être des réponses sur ce point.

Le professeur Alexandre Mignon a fondé en 2011 le laboratoire universitaire médical d'enseignement numérique iLumens au sein du CDC. Il assure à la cellule investigation de Radio France avoir signalé en personne, la même année, à Axel Kahn qu'il venait de croiser un cadavre dans l'ascenseur du centre[1]. Selon son témoignage, celui-ci a ensuite été chargé dans le coffre de la voiture d'un particulier, devant lui et pour une destination inconnue. Alexandre Mignon a ajouté ignorer où étaient expédiés ces corps sortis illégalement de la faculté. Il décrit des sujets entiers ou bien seulement des troncs ou des morceaux de corps… Il n'a pu que supposer que ces dépouilles étaient vendues sous le manteau à des médecins ou des chercheurs qui n'avaient pas signé de conventions avec l'université. Son intuition était bonne, nous y reviendrons

1. *Ibid.*

dans un prochain chapitre. Jusqu'à sa mort, en juillet 2021, Axel Kahn, président de Paris Descartes de 2007 à… 2011, a assuré qu'il ne se souvenait pas d'avoir eu cette conversation avec son collègue. Il a ajouté que compte tenu de sa sensibilité aux problèmes éthiques[1], il n'aurait jamais pu oublier une telle conversation. Il aurait envisagé de poursuivre Alexandre Mignon pour diffamation, ce qu'il n'a finalement jamais fait. Comment douter de la parole d'Axel Kahn, célèbre généticien qui trônait sur les plateaux de télévision pendant la pandémie pour donner à tous des recommandations sans appel en matière de Covid ? Son silence est pourtant gênant à mesure que l'on découvre son implication dans le fonctionnement de la faculté dont il avait la charge. Son successeur à Paris Descartes le considérait – et le considère sûrement toujours – comme son mentor. À vrai dire, on ne voit pas bien comment M. Kahn n'a pas pu être au courant de la moindre information concernant le CDC. Surtout quand on sait que c'est lui qui a permis au professeur Mignon de fonder iLumens afin de contrecarrer l'entreprise florissante d'un certain Guy Vallancien, à la tête

1. Axel Kahn a été membre du Conseil national d'éthique pour les sciences de la vie et de la santé.

de la très lucrative et très privée École européenne de chirurgie depuis 2001. En quinze ans, la société anonyme aurait généré près d'un million et demi d'euros de chiffre d'affaires annuel redistribués à ses actionnaires.

Comme une ironie du sort, le même professeur Vallancien – connu entre autres pour ses recherches sur le cancer de la prostate et pour avoir soigné celle de François Mitterrand – a été président du CDC de 2004 à 2014. Pratique quand on possède une société privée hébergée dans le même bâtiment. Il a lui-même confirmé l'existence de cette forme de « nécrotrafic » de morceaux de corps, sur le plateau de BFMTV[1] lors d'une interview, par Olivier Truchot en novembre 2019, peu après la révélation du scandale. L'ancien conseiller des ministres de la Santé Jean-François Mattei, Xavier Bertrand et Roselyne Bachelot, entre 2002 et 2006, a ajouté que la personne qui s'était rendue coupable de ce commerce avait été « virée » en 2006, dès qu'il avait eu connaissance de ses agissements. D'après mes informations, cette éviction n'apparaîtrait cependant dans aucun document officiel de l'université

1. Émission « BFM Story », 28 novembre 2019.

et aucun employé du CDC n'aurait fait l'objet de poursuites pour ce genre de trafic sous la présidence de Guy Vallancien. Tout cela aurait-t-il été réglé en interne pour éviter de faire des vagues si cette affaire de trafics s'ébruitait à l'extérieur ?

L'instruction lancée à l'été 2020 a permis de mettre en examen, en juin 2021, l'ancien président du CDC Frédéric Dardel – mis en cause mais présumé innocent – lui qui, après avoir quitté la présidence du CDC, est devenu conseiller auprès de Frédérique Vidal[1] avant de rejoindre le plus discret mais non moins prestigieux Inserm, fin 2020, avant de se murer dans le silence. Mais tout le monde est mouillé, et c'est sans surprise que les premières personnes entendues viennent de la base de la pyramide hiérarchique. Présumés innocents, les deux préparateurs se seraient livrés à du trafic de corps. Le premier, employé du centre de 1975 jusqu'en 2011, a notamment été mis en cause après la découverte à son domicile de divers ossements et des bijoux probablement subtilisés directement sur les cadavres à leur arrivée au centre. Le second était à la tête de l'équipe des préparateurs au moins

1. Ministre de l'Enseignement supérieur, de la Recherche et de l'Innovation de 2017 à 2022.

jusqu'à début 2018. L'un d'eux, sans nier les faits, a juste déclaré qu'il ne voyait pas ce qu'il avait fait de mal. Déjà, en juin 2020, le rapport administratif de l'IGAS (Inspection générale des affaires sociales), commandé par la ministre de la Recherche d'alors, une certaine... Frédérique Vidal, évoquait une « perte de repères [...] tant chez les préparateurs que chez les intervenants » au CDC. Il est à noter que nous, les familles des victimes, n'avons jamais pu obtenir l'intégralité de ce rapport pourtant essentiel à l'établissement de la vérité.

Je reviens maintenant au 27 novembre 2019, le jour où j'ai appris l'existence du charnier et où je me suis mise à chercher dans tous les sens pour accumuler les preuves de la présence de Maman à Descartes. Ce jour-là, comme je l'ai déjà écrit, j'ai contacté la chambre mortuaire de l'hôpital de Saint-Denis, où un homme m'a répondu que 2015 était loin, et qu'il allait devoir consulter ses archives pour savoir si ma mère avait bien séjourné dans ses locaux. Cet homme m'avait demandé de le rappeler, ce que j'ai fait, et m'avait annoncé alors, sûr de son fait, qu'il n'avait rien trouvé et que ma mère n'avait jamais transité par la morgue de l'hôpital. Malheureusement pour lui, j'étais venue en personne la voir le lundi 24 août au matin avant son transfert pour le CDC. Je suis donc certaine qu'elle se trouvait à la morgue où cet homme travaille. Il m'a pourtant soutenu que c'était impossible et que je devais me tromper d'endroit. Et il a raccroché. Ce genre d'attitude ne peut que pousser à croire au pire et à une volonté délibérée de cacher des incidents inadmissibles. Il ne m'a pas fallu bien longtemps pour me mettre à soupçonner un possible trafic qui pourrait impliquer un transporteur de corps. Aujourd'hui, je suppose qu'on me traiterait volontiers de complotiste. Et pourtant… Mon imagination s'est emballée, faute d'éléments concrets. Comment pouvais-je éviter de me demander si Maman avait fait l'objet d'une commande ? Et si le transporteur ne l'avait jamais déposée à Descartes ? Et si l'employé de la chambre froide et le transporteur avaient monté un business juteux, livrant à des laboratoires privés des corps frais à des fins de travaux clandestins ? Plus rien ne m'aurait étonné. C'est qu'il n'y a rien de rationnel dans toute cette histoire. Les images tournent en boucle dans ma tête comme dans celles des familles de victimes avec qui je discute, sans que nous sachions sur quel point nous focaliser puisque nous n'obtenons jamais de réponses précises à aucune de nos interrogations. La plupart des proches des donateurs ont abandonné toute recherche personnelle et attendent le procès en espérant en savoir plus à ce moment-là.

Comment ce temple de l'anatomie à la renommée mondiale, niché dans un quartier huppé de la capitale française a-t-il pu abriter toutes ces horreurs sans que rien sorte de ses murs ? C'est la question que je me suis souvent posée depuis que je sais dans quel enfer a séjourné la dépouille de ma mère. Elle, si pudique et si croyante, d'où ma surprise lorsqu'elle m'avait annoncé son choix de ne pas être inhumée, qui voulait aider la médecine, a fait le choix du don de soi pour sauver des vies. Si elle avait su à quoi elle s'exposait, aurait-elle maintenu cet engagement personnel et volontaire de confier son corps à l'université Descartes ? Bien sûr que non. Elle aurait probablement choisi un autre centre du don.

J'aimerais parfois que ma mère me parle, qu'elle m'envoie un signe. Un message. Qu'elle puisse me rassurer en me disant que son corps n'a même pas été utilisé parce qu'ils l'ont laissé pourrir dans un coin du centre, en plein mois d'août, et qu'il était trop abîmé à la rentrée pour servir lors des sessions de dissection avec les étudiants. Cela expliquerait pourquoi elle n'aurait séjourné que deux mois dans ces locaux sordides avant sa crémation présumée. Comme une réponse à ma question, je viens de recevoir ce que j'imagine être un petit clin d'œil de ma mère. Un petit ver, tout fin, vient de faire son apparition sur le bas de mon écran d'ordinateur au moment où j'ai écrit ces lignes. Plutôt que d'être dégoûtée, je souris. Je me persuade que c'est bel et bien un message de Maman. J'ai pris l'habitude d'écrire sur la table de ma salle à manger, en pleine clarté, dans un endroit où je me sens bien. Au milieu de cette grande table en verre se trouve un compotier toujours garni de beaux fruits frais et de noix, éléments essentiels pour me maintenir en forme. Et voilà que, hasard ou pas, un petit ver, pauvre animal souvent associé à la décomposition des corps, est venu me rendre visite en pleine session d'écriture. Intéressant. Je n'ai pas osé le mettre dans la poubelle. Je suis allée le déposer sur mes plantes, sur la terrasse de mon appartement.

La question du devenir de la dépouille de Maman est permanente, tout le temps dans ma tête. J'ai bien entendu demandé à la présidente de l'université de m'expliquer ce qui était advenu du corps de ma mère, mais ils ont refusé de me le dire. Vérité ou mensonge, je ne sais pas vraiment. Je n'ai que des intuitions, aucune preuve. J'aurais aimé qu'on me confie ne serait-ce qu'une main ou un pied pour que je puisse lui offrir une cérémonie d'adieu et un tombeau digne de ce nom, en Normandie, là où reposent mes grands-parents maternels. C'était le souhait de ma mère au cas où elle n'aurait pas pu entrer au CDC, en raison d'un décès dû à une maladie contagieuse par exemple, et selon la réglementation en vigueur.

L'enquête en cours, sur la base de plusieurs témoignages d'anciens préparateurs de corps, qui ont bien entendu souhaité rester anonymes, a également permis de mettre au jour l'existence d'un trafic d'ossements. Comme si les mauvais traitements infligés à nos chers disparus ne suffisaient pas à notre malheur. Parmi les os les plus recherchés et qui pouvaient se monnayer jusqu'à cinq cents euros pièce en moyenne : les crânes. Un préparateur avait apparemment pour spécialité de trancher et d'ébouillanter les têtes des cadavres pour que la peau et les cheveux se détachent et qu'il puisse ensuite revendre ses trophées. Jusqu'à très récemment, il était en tout cas assez simple de s'en procurer au marché aux puces de Saint-Ouen, comme l'a révélé France Inter en mars 2020[1]. Ce spécialiste des ossements crâniens était également habile pour réaliser des squelettes en récupérant les corps embaumés qui avaient été disséqués par les étudiants et qui devaient être placés dans des cercueils pour être incinérés. L'article de *Paris Match* du 7 juillet 2022[2] précise que ce même préparateur les aurait débarrassé de leurs tissus mous et ne garderait que les ossements qu'il aurait livré dans de vulgaires sacs plastiques à l'usine Auzoux[3], en Normandie, avant sa fermeture au début des années 2000. Crânes et squelettes se retrouveraient ensuite sur les étals du magasin du même nom, bien connu des carabins, au 9, rue de l'École-de-Médecine à Paris. Les enquêteurs qui se sont intéressés à lui ont d'ailleurs retrouvé à ses

---

1. Elodie Guéguen, Anne Jouan et la cellule d'investigation de Radio France, « Le trafic des crânes, l'autre scandale de Paris Descartes », France Inter, 13 mars 2020.

2. Anne Jouan, « Charnier de Descartes : le business de l'innommable », *Paris Match*, 7 juillet 2022.

3. L'usine Auzoux, dans l'Eure, porte le nom de son fondateur : le médecin anatomiste Louis Auzoux, spécialisé dans la reproduction de modèles anatomiques utilisés dans l'enseignement de la médecine.

domiciles, entre autres choses, une colonne vertébrale, quatre-vingt-neuf mandibules, des dents, huit crânes, des bijoux et beaucoup d'argent liquide. À chaque question des policiers, il semblerait que cet homme avait une réponse toute faite. Au cours de son audition, le préparateur a insisté sur la transparence de cette activité annexe à celle qu'il pratiquait au sein de l'université. La faculté de médecine était au courant. Selon lui, c'est même une secrétaire qui lui signait ses bons de transport ! Il serait à mon avis intéressant que cette dame soit elle aussi entendue par la juge d'instruction si ce n'est pas déjà fait. Ce préparateur n'était bien évidemment pas le seul à se livrer à ce trafic présumé. Plusieurs de ses collègues interrogés au cours de l'instruction ou par la presse ont décrit des cadavres qui disparaissaient fréquemment des frigos et des collègues qui revenaient au cinquième étage le week-end pour « fabriquer des squelettes » ou des crânes revendus par la suite.

Malheureusement, ce trafic de corps ne touche apparemment pas que l'ancienne faculté de médecine de Paris Descartes. Un de mes amis, ostéopathe à Paris, chez qui je me suis rendue à plusieurs reprises, possède depuis 2018 un squelette dans son salon. En approchant des ossements qui tiennent par un système de vis, je me suis rendu compte qu'il s'agissait d'un squelette humain. La taille et la finesse des os indiquent qu'il s'agit probablement d'une femme ou d'un enfant. Il m'a affirmé l'avoir acheté à la faculté de médecine de Marseille, en cachette. Il a précisé que théoriquement, il était interdit d'en posséder chez soi. J'ai été surprise, pas vraiment effrayée, mais un peu méfiante. Je n'osais pas toucher cette personne devenue un tas d'os, qui avait vécu, ri, aimé, pleuré, souffert peut-être... J'ai éprouvé un profond respect pour ce qui restait de cet être jadis vivant et je lui ai parlé. Je l'ai même remercié de nous prêter ses restes pour que nous puissions étudier l'ossature humaine. En tout cas, la présence de ce squelette, dans ce séjour, démontre que ces trafics d'ossements sont monnaie relativement courante. Depuis toujours, les fossoyeurs vendent eux aussi des dents ou des mâchoires aux étudiants en dentaire qui, sur les conseils de leurs professeurs, se rendent fréquemment dans les cimetières pour obtenir du matériel sur lequel s'entraîner. Mes amis dans le milieu médical m'ont tous confirmé que c'était encore le cas très récemment. Mon dentiste m'a également assuré que c'était assez courant et que lorsqu'il était lui-même étudiant dans les années 1980, les choses se passaient effectivement ainsi. J'ai peine à y croire tant cela me paraît être une pratique d'un autre âge.

5

Victime de profanateurs en série

Depuis que j'ai appris toutes les horreurs qui se déroulaient dans l'enceinte du centre du don des corps de la rue des Saints-Pères, je me suis souvent demandé à quoi pouvaient bien ressembler celles et ceux qui avaient choisi de travailler dans cet enfer. Avant d'en rencontrer, je me demandais s'ils étaient jeunes, âgés, attirés par le morbide, paumés, satanistes ? C'est un fait, dans ce lieu plus qu'insalubre évoluaient aussi des personnages se livrant à des pratiques interdites par toute forme de morale ou d'éthique. Internet, pourtant si prompt à dévoiler des informations sur tout et n'importe quoi et dans lequel j'ai si souvent cherché des réponses, à tort ou à raison, ne m'a pas appris grand-chose sur ces individus. Tout ce que j'ai pu en tirer réside dans une conclusion qui ne m'épanouit guère, beaucoup de ces gens sont devenus fous au gré de ce quotidien morbide, coupé du monde et hors de toute morale. J'ai fini par arrêter de chercher. J'ai pu lire ou entendre qu'ils étaient solitaires, parfois alcooliques, qu'ils sortaient fumer dans la cour de la faculté sans même enlever leurs tabliers maculés de sang, comme le font les bouchers. Je suppose que la puanteur fétide de leur lieu de travail s'imprégnait jusque dans leur chair. Cette odeur de mort qui vous colle à la peau même après plusieurs douches, si j'en crois les légistes. S'ils osent s'y présenter, je les apercevrai au tribunal le jour où cette affaire aboutira enfin à un procès, et j'espère bien croiser leur regard. Comment ont-ils pu ? J'aimerais avoir l'occasion de leur parler et de leur dire toute ma douleur et tout mon mépris, même si je ne suis pas sûre qu'ils puissent comprendre.

Leurs profils se sont faits de plus en plus explicites avec le temps. Il suffit de tendre l'oreille pour se faire une idée de l'état d'esprit qui peut les avoir poussés à agir individuellement ou en groupe. Cette affaire est digne des scénarios de ces nouvelles séries populaires où la réalité la plus monstrueuse est mise en scène. Aujourd'hui les fictions télévisuelles et cinématographiques n'ont qu'à faire leur marché dans les faits divers les plus macabres pour y puiser de la matière. Nous n'en sommes pas loin. Plusieurs projets de série mettant en scène les horreurs du 45, rue des Saints-Pères, seraient en chantier.

Qui sont donc ces monstres qui s'ignorent ? J'ai rencontré Joaquin – prénom d'emprunt car il ne souhaite pas être identifié –, un préparateur fier de l'être et qui se dit surtout guidé par « des règles professionnelles inattaquables ». Pour lui, tous ceux qui se sont livrés à des traitements inadaptés sur les corps des défunts « font du mal » à son métier : « Moi, je travaille dans un autre centre du don. Il faut absolument éviter tout amalgame. Ce n'est pas parce que des brebis galeuses ont commis le pire qu'il faut penser que tout le troupeau est contaminé. Je m'élève contre cette facilité à penser que, parce que nous exerçons cette profession, nous devrions être tous pareils, tous comparables à quelques cas délictueux. » Cependant, il ne nie pas que certains de ses confrères sont « des personnalités infréquentables, à l'écart de la société, des individus sans repères qui trouvent une satisfaction à sortir du cadre et à bâtir un monde obscur loin de la civilisation des hommes. » Les préparateurs de corps sont majoritairement des hommes, mais ce n'est pas une histoire de genre, les quelques femmes qui travaillent dans ce milieu participent à la loi du silence. Ces profanateurs en série ont-ils fait régner une omerta sans merci à tous ceux qui franchissaient la porte du cinquième étage, ont-ils acheté ce silence avec le fruit de leurs trafics odieux ?

Joaquin les décrit sans ménagement, comme des êtres fuyants, lâches : « Allure sans allure. Démarche la tête en bas, regardant le sol en marchant plutôt que devant soi, comme s'il fallait cacher ses péchés, ses crimes, ses vices dans le sang et ne pas être repéré. Des gestes plutôt que des paroles, une brutalité sans verbe avec une réelle difficulté à dire, à formuler, à exprimer ce que l'on est, ce que l'on fait. » Le trait est-il forcé ? Je ne le crois pas. Joaquin insiste : « Lorsqu'on les croise, on est surtout frappé par leur odeur. » Comme si cette puanteur les définissait, plutôt qu'une personnalité qui imposerait un charisme, une autorité. L'effluve d'une transpiration dont on ne voudrait pas se séparer, comme une couche protectrice qui envelopperait le corps et signerait l'appartenance à un clan, à une équipe. En être serait en somme une sorte de fierté pour ceux qui n'auraient pas fait grand-chose d'autre de leur vie que maltraiter des cadavres. Peu importe l'apparence, peu importe l'image que l'on renvoie, le secret que l'on détient est déjà le signe d'un statut. Marqué par le temps qu'il a passé à leur contact, Joaquin a multiplié les observations sur « ces gens-là », comme il les appelle : « Ces tueurs de corps déjà morts ont des obsessions de maniaques et des accès de violence extrême comme si ce qui comptait pour eux était de marquer de leur empreinte leurs délits. » Découper des têtes et jouer avec comme un champion du ballon rond, écraser ses cigarettes dans la chair en décomposition, compter les cerveaux et imaginer avec chacun d'eux une partie d'échecs ou se fabriquer un collier à partir d'oreilles, piétiner les corps en morceaux en marchant avec des bottes maculées de viscères éclatés, alimenter le marché parallèle des cabinets de curiosités où l'on trouve des parties séchées de corps anonymes, sans aucune origine reconnaissable, voilà ce qui semblerait faire vibrer certains de ces hommes et femmes qui ont travaillé au centre du don des corps de Descartes. « Ces gens-là » semblaient évoluer dans un autre monde, où la violence et le vice faisaient la loi et où l'on se cooptait pour transmettre ces pratiques de dépeçage monstrueuses.

Il n'y a pas vraiment de formations pour devenir préparateur de corps. Ce sont les anciens qui apprenaient aux nouveaux les rouages du métier et le fonctionnement du CDC. Un endroit où régnait l'effroi et une forme d'émulation dans l'horreur, d'une compétition entre initiés afin de décrocher le trophée du pire du pire. Ce manque de formation est connu ; dès lors, pourquoi ne rien avoir fait ? En février 2015, un audit mené par le cabinet KPMG a pourtant pointé ces défaillances et relevé des « problèmes considérables de fonctionnement avec erreurs de traçabilité et d'étiquetages des sujets [...] ainsi qu'un personnel laissé sans consigne claire, sans contrôle et un manque de formation technique et déontologique des techniciens ». Cet audit n'a été suivi d'aucune décision, il fait pourtant suite à un premier audit mené en 2013, à l'issue duquel il a été relevé que les locaux du CDC étaient envahis de rongeurs et enfreignaient de nombreuses mesures sanitaires élémentaires.

Tous n'avaient pas le même profil. Les préparateurs résistants, soucieux de ne jamais franchir le pas des interdits, se distinguaient par une attention constante à la régularité des gestes, là où d'autres manifestaient un laisser-aller et une absence de rigueur flagrants. Ces professionnels intègres portent en eux aujourd'hui la mémoire importante des agissements pratiqués sous le manteau, à l'abri des regards. Même si les plus engagés dans l'horreur au quotidien leur menaient la vie dure à coup de menaces et de brutalités intimidantes, ces réfractaires, peu nombreux, commencent à rompre le silence dans lequel ils étaient maintenus.

Joaquin veut défendre sa profession parce qu'il sait qu'il n'est pas le seul parmi ceux qui l'exercent à se révolter devant de telles dérives. Il se souvient des propos d'un jeune homme dont il taira le nom et qui s'était retrouvé parachuté au cinquième étage du 45, rue des Saints-Pères au sortir de son apprentissage. Voici ce que Joaquin a entendu : « C'est vrai que c'était un enfer. J'ai fait le job sans aller plus loin que la préparation des corps pour qu'ils soient étudiés par les jeunes. Moi, j'étais de ce côté-là, pas de l'autre côté de la barrière. Je voyais toutes ces horreurs et je n'étais pas d'accord. Ce n'est pas simple d'être confronté tous les jours à la mort. Il y a ceux qui se mettaient à boire dès le matin, tout au long de la journée jusqu'à faire n'importe quoi. Il y avait ceux qui parlaient d'enrichissement sans aucun sentiment, de façon mécanique, en commerçants d'un genre spécial. Il n'y a pas vraiment d'école pour faire ce métier. On regarde les autres puis on fait pareil, on exécute les tâches, en se disant ou pas au fond de soi, ça je peux le faire parce que c'est ce qui est attendu par l'institution, "Ça je ne peux pas le faire parce que ma morale ne me l'autorise pas". C'est une histoire de caractère et de volonté professionnelle. À cet étage, j'avais des doutes. Ma conscience n'était pas à l'aise avec ce qui y était sous-entendu. J'en suis parti... » Joaquin ne m'a pas dit si ce confrère avait porté plainte ou témoigné devant les autorités.

6

À l'heure de la confrontation

Après cette première rencontre avec Joaquin et à force de lire dans les médias les témoignages des excès auxquels se livraient certains, j'ai ressenti le besoin de rencontrer un autre préparateur de corps pour me faire une idée plus précise de leur métier, de leur mentalité. Pour comprendre et éviter tout raccourci, malgré ma peine. J'ai réussi à obtenir une liste d'employés de Paris Descartes et j'ai tenté de les contacter. J'ai laissé des messages. L'un d'entre eux m'a rappelé et a accepté de me rencontrer. Il ne semble même pas surpris par mon coup de fil et ma requête. Visiblement, il connaît mon nom. Le rendez-vous est pris rapidement. Je m'y rends, le cœur battant. Je suis inquiète à l'idée d'être face à lui, même si les renseignements dont je dispose à son sujet devraient me rassurer : il fait partie des préparateurs lanceurs d'alerte qui ont été mis à l'écart et semble très engagé dans le combat pour la vérité. J'arrive en avance. Je n'ai aucune idée de son apparence. Je le guette dans la rue, en me demandant si cet homme qui s'avance serait celui avec lequel j'ai rendez-vous. Est-ce ce passant de grande taille, dans un imperméable sombre, qui passe devant moi, l'air décidé à poursuivre son chemin ? Non, ce n'est pas lui. Un autre, habillé en noir, gare sa moto, pose son casque, baisse la tête. Aurait-il quelque chose à se reprocher ? Ce n'est toujours pas mon rendez-vous. À moins que ce ne soit celui-là, qui avance dans ma direction, d'un pas décidé, rapide et sportif. Trop jeune peut-être ? On dirait un étudiant. Ce n'est toujours pas le bon. Il traverse et change de trottoir. Je regarde ma montre. Le temps semble long et pourtant c'est moi qui suis en avance et non pas lui qui est en retard. En chemin, je n'ai cessé de me dire : « Et s'il ne venait pas ? » Je suis à la fois poussée par une immense curiosité et freinée par cette terreur d'être à nouveau submergée par la violence de cette affaire dans laquelle ma mère a subi un sort monstrueux.

Cette fois, l'homme qui approche semble chercher quelqu'un. Nous avançons l'un vers l'autre. Prudente, je lui demande s'il est bien monsieur X. C'est le pseudo que nous avons adopté pour le désigner. Nous

nous regardons droit dans les yeux. J'ai un bon ressenti. Il semble franc. Nous nous asseyons au calme pour pouvoir parler. Dès nos premiers échanges, dès ses premiers mots, je prends des notes et noircis plusieurs pages. Nous discutons pendant près de deux heures sans interruption. La discussion est intense et prenante. Je ne vois pas le temps passer. Il ne semble pas du genre à dissimuler ce qu'il aurait vu ou entendu. J'ai le sentiment que toute cette histoire lui pèse beaucoup et qu'il a besoin de tout déballer.

Dès son arrivée au cinquième étage de Descartes, dans les années 2000, il comprend qu'il se passe quelque chose de grave et d'anormal, me dit-il. Pour avoir exercé ce métier ailleurs, plusieurs années auparavant et suffisamment longtemps pour connaître le mode de fonctionnement normal d'un centre du don, il constate des dysfonctionnements et des comportements douteux. On trafique, on maltraite. Pas tous, juste un petit groupe d'anciens. « Une mafia des corps », la formule survient dans la conversation. On y signe des formulaires pour des sorties de corps, mais pour aller où et contre quelles sommes ? Qui en bénéficie ? Il se livre :

« J'ai tout de suite constaté que les corps donnés au CDC de Paris Descartes étaient de la marchandise, des pièces de jeu pour certains. En plus, là-bas, tout le monde sait tout depuis des années, mais personne ne dit rien. Il y a comme un mur du silence et une tranquillité assurée à tous ceux qui se taisent. Même la hiérarchie, ceux avec les titres les plus élevés – la tête du département –, est dans le secret. Chacun ferme les yeux sur ce que fait le voisin pour avoir la paix. Et si tu parles, si tu contestes, si tu es force de proposition pour établir des règles selon ton expérience, comme au sujet de la traçabilité des corps par exemple, on te casse. J'en ai fait l'amère expérience. » Monsieur X ne souhaite pas donner plus de détails sur sa situation personnelle.

Lorsque j'aborde avec lui le rôle de Guy Vallancien, directeur du centre à l'époque où il travaillait, il est sans ambiguïté : « Je l'avais moi-même mis au courant de tout ce qui se faisait à Descartes et qui était hors-la-loi. Il savait qu'il y avait des trafics la semaine et le week-end. Plusieurs fois je l'ai prévenu que ça avait bougé dans les chambres froides, qu'il manquait des corps, mais il cautionnait ce qui se passait. Il était d'accord pour que le business parallèle existe à condition que les préparateurs aillent dans les bureaux remplir des papiers afin de faire croire que c'était l'administration qui avait fait une commande de corps. »

Malgré l'énergie que semble avoir déployée ce préparateur pour alerter ses supérieurs, rien n'a changé.

« C'est ce climat malsain qui m'a fait partir finalement assez peu de temps après mon arrivée à Descartes, pour cause de *burn-out*. Je n'en pouvais plus. J'ai posé des questions, demandé des explications, alerté plusieurs fois… C'est vrai que je n'ai pas utilisé l'article 40 qui permet aux fonctionnaires de saisir le procureur de la République au moindre soupçon d'un délit commis. Pourquoi n'y ai-je pas pensé, moi qui étais récent dans le service ? À la réflexion, je crois que c'était davantage à mes supérieurs de le faire. En plus, ça aurait fracassé des familles entières… […] Aujourd'hui je m'exprime librement devant vous parce que, compte tenu de ce que vous vivez, vous êtes en droit d'entendre le témoignage que j'ai déjà donné aux enquêteurs de la police. Je tiens quand même à dire que je regrette et ne comprends pas pourquoi je n'ai jamais été entendu par la juge d'instruction. J'ai tellement de choses à lui révéler sur cette affaire ! À Descartes, il manquait un cadre, une éthique, un engagement professionnel et une formation. Dans cette activité de préparateur, ce qui m'a toujours motivé, c'est de pouvoir participer aux travaux de recherche, de me sentir impliqué ainsi dans des protocoles sur la santé. Jamais je n'aurais pu imaginer que de telles dérives puissent exister un jour en France. Depuis que j'ai mis les pieds rue des Saints-Pères, je suis à même d'affirmer qu'il y a eu d'autres Descartes dans notre pays. Ça a juste été étouffé ! »

Selon lui, les individus les plus impliqués dans ce dispositif macabre se promènent toujours dans la nature, ce qui est très inquiétant. Il évoque des personnalités complexes, comme celles de certains tueurs en série, difficiles à cerner et qui joueraient sur plusieurs tableaux pour brouiller les pistes, se fondre dans la masse et passer inaperçus. Il les décrit comme des caméléons, avec des humeurs imprévisibles et des comportements difficiles à anticiper. « Je suis désolé de ce qui vous est arrivé, désolé pour vous avec l'effet produit par ces révélations et pour votre mère, si généreuse au milieu de ce chaos. J'espère que la justice la reconnaîtra, elle et tous les autres, comme une victime. »

Monsieur X m'indique ensuite qu'un tout premier article, beaucoup moins développé que celui de *L'Express*, mettant en cause le centre du don des corps de Descartes, était sorti en 2018 dans le magazine *Society*[1]. On y trouvait les témoignages du docteur Richard Douard, président du CDC de Descartes de 2014 à 2017, ainsi que de l'ex-secrétaire générale du CDC, Dominique Hordé. Ils y déploraient déjà l'état de délabrement du centre, les pannes de chambres froides contenant les corps, leurs portes qui ne fermaient pas et le manque de formation académique des techniciens de laboratoire (autre titre donné aux préparateurs de corps).

Lorsque je lui demande si les corps étaient incinérés seuls dans un cercueil et s'ils étaient bien replacés dans leur intégralité, il n'hésite pas. La réponse est non. Plusieurs corps étaient entassés ensemble, avec parfois des pièces anatomiques d'autres défunts. Il était impossible au bout d'un certain temps de savoir à qui appartenait une jambe ou un bras. La traçabilité ne fonctionnait pas. Il me confirmera qu'il y avait peu de dissections pour les étudiants en médecine à la faculté et que l'essentiel des revenus provenait des corps envoyés à l'extérieur du CDC, dans des laboratoires, au sein de l'armée ou pour des crash-tests automobiles.

1. Simon Lesage, « Le don de corps à la science », *Society*, 13 juillet 2018.

7

À qui profite le crime ?

Comment et où ont fini le corps de Maman et celui de tous les autres donateurs ? C'est une question qui n'arrête pas de me tarauder. Reste-t-il encore des « pièces détachées » de ma mère quelque part ? Dans un bocal rempli de formol aux puces de Saint-Ouen, sous forme de squelette ou de crâne ébouillantés, à vendre sous le manteau ? Exposée comme une rareté à saisir à prix d'or dans le catalogue d'un réseau de trafiquants ? Dans la chambre froide d'un laboratoire d'anatomie à l'étranger ? Tout me paraît possible.

Le travail effectué par Anne Jouan pour *L'Express* et *Paris Match*, par Élodie Guéguen de la cellule investigation de Radio France, par Julie Brafman de *Libération*, ou encore par Rémi Dupré du *Monde* a permis d'établir que l'université avait, apparemment en toute légalité, passé des conventions avec des industriels et leur fournissait des corps provenant du centre du don. Ils pouvaient par exemple servir chez des constructeurs automobiles pour réaliser des crash-tests automobiles ou bien dans l'armée française pour vérifier si les gilets pare-balles étaient efficaces. Dans un reportage de la séquence « L'Œil du 20 heures » diffusé le 1er juin 2021 sur France 2, Sophie Broyet nous apprenait que les dépouilles de nos proches étaient régulièrement utilisées pour des expériences militaires. Une information confirmée par Olivier Gagey, le président du conseil scientifique du Centre européen d'études de sécurité et d'analyse des risques (CEESAR). Maman a donc peut-être servi à tester la résistance de véhicules blindés lorsqu'ils roulent sur une mine… En réalité, les transferts de corps pour servir ces industries – sous couvert de pratiques vertueuses – ne sont pas véritablement encadrés par la loi. Au nom du bien et de la santé publique, l'utilisation des corps était monnaie courante dans le secteur automobile jusqu'en 2019, année de l'arrivée massive de robots à formes humaines pour les crash-tests à proprement parler. Et c'est le cas depuis toujours pour la recherche scientifique. Un cadre en détermine cependant les droits pour les sciences : le Code de la santé publique.

Pour le reste, rien n'autorise à exploiter les corps sans que le donneur ait été informé au préalable et qu'il ait approuvé de son vivant l'utilisation faite de sa dépouille. Une tolérance est visiblement accordée dans le cas des essais pour l'industrie automobile ou l'armée, entorse au cadre général qui passe inaperçue dans la masse. Mais le rapport de l'Inspection générale des affaires sociales (IGAS) de juin 2020, dont le site Caradisiac[1] a publié des extraits, révèle que 37 % des revenus du centre du don de Paris Descartes provenaient « de sociétés dont l'objet principal était industriel ». Le site d'information automobile précise qu'en réalité l'université n'a pas directement mis à disposition des constructeurs automobiles des corps de donneurs. C'est plus exactement le CEESAR, dont la mission est notamment d'améliorer la sécurité routière, qui avait passé une convention avec Paris Descartes pour bénéficier d'une mise à disposition de corps afin d'améliorer la recherche sur la sécurité routière. Mais nos défunts n'étaient pas balancés dans l'habitacle de voitures lancées à deux cents kilomètre-heure contre d'autres véhicules ou contre

1. Stéphanie Fontaine, « L'industrie automobile se sert-elle de corps donnés à la science pour ses crash-tests ? », Caradisiac, 10 septembre 2021.

des murs, comme on pourrait le penser. Toujours selon Caradisiac, ces pratiques ont disparu dans le courant des années 1990. En revanche, les corps étaient bel et bien utilisés pour tester leur résistance à certains chocs, mais pas à l'intérieur des voitures. Cela ne change rien au fait que nos proches n'ont jamais été informés de cette utilisation possible de leurs dépouilles et que le centre du don s'est une fois de plus montré déloyal vis-à-vis des donneurs. C'était pour la bonne cause, dira-t-on pour justifier ces détournements. Néanmoins, il faut absolument à l'avenir que les centres du don disent aux futurs donateurs ce à quoi leur corps pourrait servir une fois le don effectué.

Dans les années 1980, des experts des crash-tests avaient été filmés à la télévision française en train d'utiliser des cadavres pour leurs expériences sans que cela ne heurte quiconque. En toute bonne foi, ils se procuraient des corps auprès du CDC de Descartes moyennant finances – entre quatre cents et neuf cents euros – afin de pouvoir les propulser dans des voitures lancées contre des obstacles. Les avis et les études qu'ils ont rendus à cette époque en témoignent : un corps humain renseigne mieux sur la nature et l'étendue des dégâts dans l'expérimentation ou la reproduction d'un accident de la route. Des informations précises ont été consignées dans leurs carnets pour agrémenter la recherche sur la sécurité au volant. Ces cobayes décédés auraient depuis été remplacés par des mannequins sophistiqués, taillés sur mesure pour tester les chocs frontaux. Il n'en demeure pas moins que ceux qui ont donné leurs corps au CDC n'ont jamais été informés de leur vivant de la possibilité que leurs cadavres puissent servir à des essais de biomécanique pour des sociétés extérieures au centre du don. Afin d'œuvrer correctement pour le progrès, et de ne pas risquer de voir tout effort scientifique réduit à néant, il semble évident de développer la transparence de l'information et de la recherche. Chacun a le droit de savoir à quoi va servir son corps dans le plus strict respect du consentement d'autrui.

Le monde de l'art se laisse aussi tenter parfois par l'exploitation des corps. Certains producteurs et commissaires d'exposition, à la recherche de l'événement qui va faire la différence et intriguer les foules, en choquant pour ameuter les médias, n'hésitent pas à imaginer des mises en scène extrêmes. C'était le cas de « Bodies : the Exhibition », présentée dans les années 1980 comme « un voyage dans le corps humain pour mieux comprendre son fonctionnement et ses maladies ». Cette exposition, vue par plus de quinze millions de personnes dans le monde, est toujours visible au casino Luxo de Las Vegas. Réalisée à partir de corps de Chinois – vendus par une entreprise située à Dalian, province du Laoning, floue sur les origines des morceaux d'anatomie humaine –, cette exposition s'est promenée dans le monde, sans toutefois être autorisée partout. En France, un projet similaire, « Our Body », avait été monté par le producteur de spectacles Pascal Bernardin, qui avait arrêté une scénographie de dix-sept cadavres coupés en deux ou disséqués. Jugée « excentrique » ou « scandaleuse », « tapageuse » ou « inacceptable », « insultante pour l'art » et « le genre humain », cette exposition a été interdite le 21 avril 2009. La justice qui avait été saisie a rendu ses conclusions, que la Cour de cassation a résumées en 2010 par ces quelques lignes : « L'exhibition de cadavres humains à des fins commerciales est contraire à la décence et, de ce fait, illégale en France. »

N'y a-t-il pas déjà dans cet arrêt une prise de conscience judiciaire de ces abus orchestrés sur les corps et pour lesquels la seule issue reste la sanction ?

8

Les *cold cases* des corps sans nom

Ma plongée dans les méandres de ce scandale a également été une bascule dans le temps. Au fur et à mesure de mes recherches, des dizaines d'affaires semblables de trafics de corps humains, oubliées ou méprisées, sont remontées à la surface. Je me suis passionnée pour ces histoires, pas seulement pour chercher des parallèles avec la mienne, mais aussi pour comprendre comment de telles horreurs peuvent se reproduire alors même que la justice est déjà intervenue dans ces cas plus anciens. Pourquoi semble-t-il si difficile d'apprendre des tragédies qui nous frappent et d'en tirer les conclusions dont pourrait bénéficier l'ensemble de la société ?

En 2005, un scandale éclate au sein même de l'hôpital Saint-Vincent-de-Paul à Paris, réputé pour sa maternité. Le 2 août de cette année-là, Xavier

Bertrand, alors ministre de la Santé, annonce que trois cent cinquante et un fœtus, enfants mort-nés ou décédés après leur naissance, parfois depuis vingt ans, ont été découverts dans la chambre mortuaire de l'établissement. Le ministre résume cette découverte par une expression brève, mais qui en dit long : « C'est un choc. » C'est grâce à l'insistance d'une mère de famille – déjà intriguée par ce qu'était devenu son enfant – que ce dossier a pu être ouvert, et qu'une enquête a été menée pour élucider ce drame et sanctionner ceux qui devaient l'être. En France, la loi autorise les hôpitaux à conserver les fœtus de moins de vingt-deux semaines pendant une période de dix jours, pas plus, dans un but scientifique avéré. Au-delà, ces conservations tombent dans l'illégalité. Le scandale de l'hôpital Saint-Vincent-de-Paul porte notamment sur ce dépassement.

L'année suivante, j'ai rencontré Sylviane[1], presque par hasard dans le cadre de mes recherches sur le scandale du CDC, une des mères de famille qui s'est attelée à la recherche de la vérité dans cette affaire, et qui veut que personne n'oublie

1. Le prénom a été modifié par souci d'anonymat du témoin.

ce que signifie pour une femme la perte d'un enfant : « Comprenez qu'avec cette histoire de Saint-Vincent-de-Paul, nous les mères, lorsque l'on accouche et que l'on doit se rendre à l'évidence – parce que nous n'avons pas le choix – que notre enfant ne pousse pas un cri lorsqu'il vient au monde, mais laisse place à un silence de mort, comprenez qu'à cet instant, le temps pour nous s'arrête. Il faut ensuite se remettre, ouvrir les yeux sur la réalité. Et lorsque vous pensez aller mieux et que vous êtes rattrapées par ces images obsédantes de fœtus et de bébés décédés, plongés dans du formol au nom de la science, rangés dans une pièce réservée à des expérimentations, vous êtes saisie par un tas de questions. Où est l'éthique ? Pourquoi ne pas avoir respecté les délais légaux ? Pourquoi ne pas expliquer aux familles ce qui se trame dans les salles d'autopsies et d'analyses multiples ? »

La justice a classé ce dossier sans suite en 2006, des blâmes ont été distribués, des recommandations émises, notamment la tenue d'un registre médical. Mais aucun élément de l'enquête n'a permis de déterminer si, derrière la négligence reconnue, il n'y avait pas eu d'autres méfaits qui auraient alors fait l'objet de sanctions plus sévères aux yeux de la loi. Pourtant, malgré ces conclusions, Sylviane et les autres mères de famille concernées continuent de s'interroger. « Un classement comme celui-ci n'arrête pas du jour au lendemain la révolte qui est en nous. La négligence est un argument qui a aussi son degré de gravité. Ne demande-t-on pas à un professionnel de l'être jusqu'au bout ? Lorsqu'il ne l'est pas, c'est qu'il y a des défaillances dans un système. Cette défaillance ne nous interdit pas de penser que des agissements condamnables ont bien eu lieu. Les fictions qui mettent en scène l'horreur sont bien souvent en dessous de ce qui se joue en cachette, là où personne ne vient se mêler de quoi que ce soit sans y être admis. Ce que je crois, c'est que les pouvoirs de l'ombre sont plus nombreux qu'on ne le pense et qu'ils agissent avec autant de fermeté que de discrétion, voire de protections suffisantes pour régner sans être incriminés. »

Le 2 février 2016, soit dix ans après, Marc-Olivier Fogiel reste sans voix sur France 3 lorsque son invitée se livre à des confidences qui, elles non plus, ne connaîtront pas de suites judiciaires[1]. Il se trouve alors face à Béatrice Dalle, installée sur

1. « Le Divan », France 3, 2 février 2016.

son fameux divan, hilare, qui lui avoue sans honte avoir sectionné des membres dans les morgues avec ses amis pour les revendre. La comédienne ajoute également avoir goûté une oreille humaine. Un peu gênée par cet aveu inopiné, elle se reprend alors, comme pour se justifier : « Ces oreilles ne s'en sont pas plaintes. » Elle racontera la même chose lors d'une interview donnée plus tard au média en ligne Konbini[1]. Provocation ou vérité ?

Béatrice Dalle assure qu'un jour, avec une de ses amies, étudiante en médecine à Paris, elle avait décidé de se faire cuire des pâtes. Sans le sou et suffisamment décomplexée pour tenter cette expérience hors du commun, elle y aurait ajouté des bouts d'oreilles humaines se trouvant dans le frigidaire de sa copine. Les deux jeunes filles étaient seules, et personne d'autre n'était présent pour les ramener à la raison ou vérifier leurs dires. Elles ont seulement suivi leur pulsion du moment.

Béatrice Dalle admet qu'elle n'a pas été emballée plus que cela par ce mets inhabituel. Elle n'a pas aimé le goût du cartilage et, à l'en croire,

1. Le 15 septembre 2020, dans une vidéo intitulée : « 9 choses à savoir sur Béatrice Dalle ».

n'a pas renouvelé l'expérience. La vraie question qui se pose ici est celle de la provenance de ces parties d'un corps humain. D'où venaient-elles ? Et comment ont-elles pu se trouver dans un frigo privé ? Qui avait vendu ce matériel humain ? Qui l'avait dissimulé ? Qui l'avait escamoté ?

Avant de m'intéresser d'aussi près depuis 2019 au commerce de la mort, j'étais loin d'imaginer que des collectionneurs pouvaient détenir à leur domicile des restes humains. Je n'arrive d'ailleurs toujours pas à comprendre ce qui pousse une personne équilibrée à garder auprès d'elle des « morceaux » de ses semblables... Et pourtant, il existe bel et bien un marché de revente, essentiellement d'ossements. Les sites de vente en ligne les plus courus, qui avaient à une époque arrêté de commercialiser des os humains, semblent avoir repris leur commerce de plus belle sur Instagram, selon une enquête du magazine américain *Popular Science*, en décembre 2019[1]. Il suffit de se rendre sur le site jonsbones.com, par exemple, pour faire son marché. On peut même aller visiter leur showroom à New York pour seulement 20 dollars. La plupart des vendeurs de ces reliques

1. Riley Black, *« The human bone trade is legal – and booming on Instagram », Popular Science*, 5 mars 2019.

se trouveraient aux États-Unis, où il est parfaitement légal de vendre des morceaux de corps et il semble qu'il y ait, aujourd'hui encore, une forte demande.

Sur le site news24viral.com, le 6 novembre 2022[1], on pouvait ainsi lire que chez Jeffrey Epstein, à New York, dès l'entrée, on tombait sur une série de globes oculaires[2] encadrés individuellement. L'article parle de pièces importées d'Europe. Une plaignante dans notre affaire m'avait également envoyé une photo prise dans la salle à manger d'Epstein, qui laissait entrevoir des crânes en arrière-plan. D'où provenait cette photo ? Je n'en sais rien, mais ces crânes semblaient être de véritables restes humains. L'étaient-ils vraiment ? Pas impossible lorsqu'on connaît le caractère sulfureux du personnage. En France, le commerce de restes humains est interdit par la loi. Tout ce qui est rare étant cher, ce commerce illicite peut rapporter beaucoup d'argent.

S'il y a bien un endroit qui empêche de sortir du cercle infernal des révélations, c'est Internet.

1. Board, « Les secrets de la maison de ville de Jeffrey Epstein à New York », news24viral.com, 6 novembre 2022.

2. Une situation déjà évoquée en 2003 dans un article de Vicky Ward, *« The talented Mr Epstein », Vanity Fair*, mars 2003.

Impossible de s'en détacher lorsqu'on commence à faire des recherches pour tenter de comprendre l'incompréhensible, d'autant que la toile est une source inépuisable de découvertes sur le marché de la mort. C'est en surfant une fois de plus à la recherche d'informations, d'explications, que j'ai découvert qu'aux États-Unis, aujourd'hui encore, certaines familles pauvres acceptaient de vendre leurs corps à des sociétés en échange d'une crémation gratuite. Certaines entreprises de pompes funèbres n'hésitent pas à faire de la publicité pour ces sociétés et incitent leurs futurs clients et leurs familles à donner à ces labos, moyennant une petite commission au passage, comprise entre trois cents et mille quatre cents dollars, selon une enquête publiée en 2017 par l'agence de presse Reuters, qui s'appuie sur les registres retrouvés chez un *broker*. Mais en quoi consiste réellement cette profession de *body broker*[1] ? Ces entreprises, au nombre d'une trentaine outre-Atlantique, sont tout simplement des sociétés qui achètent des corps afin de les disséquer et de revendre ensuite des pièces anatomiques à des chercheurs, des centres spécialisés dans l'anatomie ou

1. En français, cela pourrait se traduire par « marchand de corps ».

même des particuliers. On les connaît aussi sous la dénomination de « banques de tissus non transplantables ». En effet, tout ce qui peut être greffé, comme les organes, est en revanche très encadré aux États-Unis. La nuance est donc importante et fait toute la différence en matière juridique. Les États américains n'ont pas tous la même législation en la matière, mais dans les plus permissifs, celui qui a les moyens et qui le souhaite peut acheter un corps et en disposer comme bon lui semble puisqu'il n'existe pas de loi fédérale régulant la vente de cadavres ou de morceaux de corps humains, mis à part les organes et les tissus transplantables. Il y a aussi des « campagnes de recrutement » de futurs donateurs qui se font par e-mail, sous forme de publicités. On croit rêver !

À Honolulu, en 2012, Bryan Avery, un *broker*, a reçu la visite de la police d'Hawaï, venue fouiller ses locaux – loués – dont il était en défaut de paiement. Plusieurs congélateurs étaient remplis de tissus humains en décomposition[1]. Comme il

1. John Shiffman et Brian Grow, « *In the US Market for Human Bodies, Almost Anyone Can Dissect and Sell the Dead* », Reuters, 24 octobre 2017.

n'y a pas de loi à proprement parler régulant la vente de corps morts, il n'a pas été puni. Steven Labrash, qui a dirigé le programme de don des corps à l'université d'Hawaï, en prenant pour exemple ce cas précis, a estimé qu'il fallait absolument que les États-Unis se dotent d'une législation pour protéger les donneurs. Angela McArthur – qui a dirigé le programme de don des corps à l'école de médecine de l'université du Minnesota – explique à Reuters, en parlant de violation de la dignité des morts, qu'« on a le même problème qu'avec les pilleurs de tombes d'il y a quelques siècles ». Au XIXe siècle, ceux qui souhaitaient étudier l'anatomie humaine allaient se servir dans les cimetières. De nos jours, dans la plupart des cas, ces cadavres sont achetés, démembrés et revendus, le plus souvent à des praticiens ou à des étudiants en médecine, mais pas seulement. À la suite d'un simple échange de mails, un journaliste de Reuters affirme s'être fait envoyer à son domicile une colonne vertébrale et deux têtes. Il raconte qu'un corps se monnaie autour de trois à cinq mille dollars. Un torse avec les jambes coûte environ trois mille cinq cents dollars, une tête ou un pied, cinq cents dollars. Ce qu'il reste du corps est censé revenir à la famille pour une incinération ou un enterrement. Entre 2012 et 2013, poursuit Reuters[1], une vingtaine de corps confiés à un *broker* d'Arizona ont été utilisés pour tester des explosifs et les donneurs comme leurs familles n'avaient pas été informés au préalable de l'utilisation qui serait faite des dépouilles. Circonstance aggravante, certains donneurs avaient spécifié sur les bulletins de consentement qu'ils ne voulaient pas servir à des expérimentations militaires. Leurs choix n'ont donc pas été respectés. C'est l'agence de presse britannique qui a informé leurs familles sur l'utilisation qui avait été faite de leurs défunts.

Je n'ai pu m'empêcher de faire le lien avec le charnier de Paris Descartes, puisque dans notre cas aussi, certains corps ont été utilisés à des fins militaires. Autre point commun avec notre affaire, ce *broker* de Detroit, un certain Arthur Rathburn, qui n'a pas hésité à procurer à des médecins souhaitant disséquer des corps infectés par le VIH ou les virus de l'hépatite[2]. Il a été poursuivi en justice pour fraude. Il a plaidé non coupable, n'a exprimé

1. *Ibid.*
2. *Id.*, « *In a Warehouse of Horrors, Body Broker Allegedly Kept Human Heads Stacked on his Shelves* », Reuters, 31 octobre 2017.

aucun regret et a finalement écopé d'une peine de neuf ans de prison en février 2016. Reuters estime qu'entre 1997 et 2013, il a gagné treize millions de dollars grâce à la revente de restes humains donnés à la science. Finalement, dès 2026, il pourra poursuivre son commerce de pièces anatomiques et pourquoi pas recommencer à vendre des parties de corps infectées.

Il y a quelques années, lorsque je parlais avec des étudiants en médecine ou en dentaire et qu'ils assuraient, avec leur humour douteux, qu'ils allaient acheter ce qui leur fallait auprès des fossoyeurs, je me demandais s'ils disaient cela pour faire les malins ou si c'était vrai. Ça me semblait tellement impossible. Aujourd'hui, je suis certaine que c'était la vérité. À les entendre discuter entre eux, il était assez simple de se procurer des mandibules ou divers ossements. Il suffisait d'aller au cimetière du coin et de demander aux bonnes personnes. Moyennant un peu d'argent, vous emportiez avec vous un crâne, des dents ou encore un fémur. Pour eux, la mort est tout sauf un repos éternel.

9

La mort : un marché mondial et lucratif

Le 27 novembre 2021, à l'occasion de la commémoration du deuxième anniversaire de la découverte du charnier de Descartes, nous nous sommes rendus avec plusieurs familles de victimes à Thiais pour déposer une plaque sur le carré où les cendres de nos proches sont censées être dispersées. J'y ai croisé des sympathisants de notre cause, mobilisés sans forcément appartenir à un groupe associatif quelconque. L'un d'entre eux m'a confié cette anecdote qui ajoute à l'horreur inimaginable à laquelle nous sommes déjà confrontés. Un membre de sa famille, qui travaillait dans le fret aérien et avec qui il avait échangé récemment à propos du don du corps, l'avait dissuadé de faire ce geste altruiste. Ses parents, eux, avaient fait le choix ferme et définitif d'offrir leurs dépouilles aux scientifiques, sans se préoccuper de la méfiance des uns ou des autres.

Comme ma mère, ils n'ont pas écouté leurs proches et sont effectivement allés au bout de leur projet.

Lorsque ce même témoin a demandé des années plus tard à l'homme qui l'avait mis en garde pourquoi, à l'époque, il était tellement opposé à cette décision généreuse, il lui a expliqué que dans le cadre de son travail il avait vu des containers entiers de cadavres embarquer pour l'Afrique. Pourquoi tous ces corps partaient-ils ? Encore un mystère toujours pas résolu.

Ce témoignage entre en résonance avec une interview du professeur Philippe Even par Anne Jouan, publiée dans *Paris Match* le 2 juin 2021[1]. L'ancien doyen de la faculté de médecine de Necker[2], à Paris, a été pour ainsi dire la première personne connue à constater, preuves à l'appui, la situation qui régnait déjà à Descartes. Il visite le CDC avec son confrère Jean-Pierre Lassau, alors directeur du centre, en 1988. Le docteur Even prend alors des photos des nombreux corps entassés sur place et constate l'état de délabrement des locaux. Quand il demande à Lassau

1. Anne Jouan, « Charnier de Descartes : "J'aurais dû réagir", regrette le professeur Even », *Paris Match*, 2 juin 2021.
2. Philippe Even a été doyen de l'hôpital Necker de 1988 à 2000, il a également enseigné la pneumologie à Paris Descartes avant de présider l'Institut Necker jusqu'en 2015.

pourquoi il règne sur place une telle désorganisation, la réponse est cinglante : le centre reçoit trop de cadavres et manque cruellement de financements. Près de huit cents par an. Les capacités d'accueil sont dépassées et toute la chaîne de traitement se dérègle. Au point que des dépouilles, pourtant confiées à Paris Descartes, sont vendues et expédiées en Afrique pour y être démembrées puis disséquées. Après sa visite, Philippe Even transmet ses photos à la direction de la faculté, mais aucune décision n'est prise. Le poids de la corporation et de l'institution a bloqué la révélation de ces clichés jusqu'à aujourd'hui. « Tout le monde savait déjà pourtant », regrette le pneumologue.

Ce genre d'information et la quête obsessionnelle de réponses dans l'attente de la fin de l'instruction alimentent forcément les idées les plus macabres, les plus folles. J'imagine Maman dans un labo clandestin, Maman envoyée par container avec d'autres corps en Afrique, mais jamais restituée à Descartes. Maman à peine arrivée au CDC et aussitôt ébouillantée, vendue à des collectionneurs morbides, servant de décoration dans un cabinet de curiosités, Maman vendue dans son intégralité ou bien à la découpe ou même sous forme de squelette. Quand on ne sait pas et qu'on reste dans le doute, le pire c'est qu'on peut tout imaginer.

Forcément, lorsqu'on apprend que du fret aérien contenant des corps provenant de Descartes partait régulièrement pour l'Afrique, sans plus de précisions, l'imagination, fertile et fragilisée par toutes les révélations plus atroces les unes que les autres, s'emballe et toutes les suppositions semblent plausibles. Dans certains pays se pratiquent aujourd'hui encore des « messes noires », que les autorités ont le plus grand mal à réprimer. Pour ce faire, les sorciers ont besoin de corps de bébés ou d'adultes. Et si les corps de Descartes avaient servi à alimenter ces pratiques ? Dans les moments où ces images terribles me traversent l'esprit, je dois trouver des réponses qui me réconfortent pour passer à autre chose. Souvent je mange du chocolat, de façon compulsive sans pouvoir m'arrêter, jusqu'à l'écœurement. Après, comme pour me punir, je fais du sport à outrance. Cela me rappelle ma jeunesse marquée par des périodes similaires, lorsque mon anxiété était à son paroxysme. Quand mon esprit s'apaise enfin, je me surprends à me dire : « Finalement, est-ce que toute cette histoire sordide est si grave ? Il ne s'agit que de chair et d'os. L'âme de ma mère est ailleurs. Elle a peut-être réussi à trouver la paix. Calme-toi et songe au pardon. » Mais rien à faire. Ces pensées qui se veulent positives ne sont pas encore capables de m'apporter une paix durable, je suis incapable de pardonner pour le moment, même si cette rancœur et cette colère me rongent la santé. Je sais que la seule solution est le pardon. En serais-je capable ? Pas sûr du tout.

Le scandale du charnier de Paris Descartes n'est qu'une partie émergée de l'iceberg du trafic des morts, qui dérive depuis longtemps et de plus belle. La mort est un commerce lucratif. Toutes mes recherches compulsives me l'ont confirmé. Le trafic de corps humains continue son œuvre macabre loin des regards, tout particulièrement là où sévissent la pauvreté et le manque d'encadrement légal. Là où la malchance enferme ceux qui s'y trouvent dans une désespérance absolue. Les Nations unies ont saisi l'opinion internationale en 2015 en publiant un rapport sur le trafic d'êtres humains en vue de prélèvements d'organes sur des sujets morts et vivants. L'ONU notait déjà à cette époque : « En dépit de l'intérêt de l'opinion publique pour ce sujet, ces crimes restent une activité cachée et clandestine qui reste très largement ignorée[1]. » Les réseaux illégaux qui opèrent dans ce domaine ont tissé une toile si étendue qu'il est parfois difficile de

1. Cf. United Nations Office on Drug and Crime, *Trafficking in Persons for the Purpose of Organ Removal*, Vienne, 2015.

mettre fin à leurs activités une bonne fois pour toutes. Leur organisation est tentaculaire : lorsqu'une branche est coupée, une autre pousse en parallèle et prend le relais. Et ainsi de suite. Comme un virus tenace, ce trafic prolifère en se reproduisant. Sans fin. Ce système mafieux ressemble à un labyrinthe de couloirs multiples et ininterrompus duquel il est difficile de sortir une fois que l'on a décidé d'y entrer pour mener l'enquête et condamner. Ce qui est définitivement fermé d'un côté réapparaît de l'autre. La plupart des organisations humanitaires qui interviennent dans les pays où l'actualité les mène sont catégoriques sur cette question. Brigitte, une amie infirmière chez Médecin sans frontières, le constate au quotidien : « La misère du monde enrichit les vicieux de la planète. »

Cet ouvrage ne prétend pas être une enquête sur le négoce de la mort ou le trafic de dons d'organes. Je ne suis pas détective professionnelle, mais toute cette affaire m'a contrainte, ainsi que de nombreux proches des victimes, à m'intéresser à ces pratiques criminelles, pour essayer de comprendre, de replacer le scandale qui nous a meurtris dans un contexte plus large. Faute de réponse des autorités, des responsables, et en raison de la lenteur souvent inévitable des investigations et de la justice,

Internet est devenu, pour beaucoup d'entre nous, un refuge et un recours ; le seul endroit à apporter des débuts de réponses, des fragments de compréhension, de mises en perspective. Les cas que je détaille ci-dessous démontrent que le scandale de Paris Descartes s'inscrit dans un mépris bien plus global pour le respect dû à nos morts. Cela ne permet pas de se sentir moins seuls, mais de savoir que des millions d'autres personnes, comme nous, souffrent individuellement du tort causé à leurs proches décédés. Et cela pousse également à vouloir combattre sans relâche pour que le respect dû aux défunts soit défendu, protégé, encadré.

Ces marchés de l'horreur, on le voit bien avec notre tragédie, ne concernent pas que les pays défavorisés. En 2009, à côté de chez nous, de l'autre côté des Alpes, avec l'afflux de migrants, Roberto Maroni, alors ministre italien de l'Intérieur, établit un lien entre la disparition d'enfants migrants et ces réseaux spécialisés dans l'enlèvement de corps non identifiables[1]. Le rapport de l'enquête sur la disparition de quatre cents mineurs, volatilisés dans la nature à cette époque, peu de temps après leur

1. Board, « Italie : soupçon d'un trafic d'organes », *L'Avenir*, 30 janvier 2009.

arrivée sur l'île de Lampedusa, conclut à la vraisemblable responsabilité d'une organisation criminelle qui dépèce pour revendre des squelettes et leurs organes, dont certains peuvent atteindre cent mille dollars au marché noir. Deux autres enquêtes ont été ouvertes en Italie en 2015 et 2016 sur des opérations de trafic d'organes impliquant des migrants.

Les guerres sont aussi des terrains propices au trafic de corps humains. Les théâtres de conflits sont souvent des lieux où s'organisent les vols de cadavres, meurtris par les combats, découpés en morceaux, directement sur place, puis glissés dans des sacs et livrés à des commanditaires en un temps record. Vus sous cet angle, les combats armés sont synonymes d'un double carnage. On y tombe sous les balles, on y disparaît ensuite haché menu. La guerre du Kosovo notamment a fait l'objet de nombreuses enquêtes dénonçant des crimes de cette nature en marge du conflit. Carla Del Ponte, procureure générale du Tribunal pénal international pour l'ex-Yougoslavie, a été l'une des premières à accuser des responsables politiques et militaires, coupables d'avoir favorisé ou participé à un trafic de corps : « Des femmes, des Serbes, des Slaves... en 1999 étaient transportés de force jusqu'en

Albanie. Leurs corps étaient ensuite dépouillés de leurs organes et acheminés vers des cliniques privées depuis l'aéroport de Tirana... » La Syrie ou l'Afghanistan, entre autres, figurent dans la liste des pays en guerre où ces abus criminels ont entraîné la disparition de nombreuses victimes, happées par le marché juteux des corps à vendre.

Le Mozambique a été pointé du doigt à de nombreuses reprises par les organisations humanitaires et par le clergé du pays, en raison d'un trafic d'organes particulièrement développé et de réseaux articulés autour de pseudo-guérisseurs. Pour des raisons de superstition à leur propos, les sujets albinos seraient particulièrement recherchés par les trafiquants. En 2004, le gouvernement avait envisagé de faire fermer les commerces de nuit après la découverte d'un réseau spécialisé. Derrière plusieurs de ces enseignes nocturnes se cachaient des chauffeurs d'un genre particulier, transportant, à l'ombre des regards, des morceaux de corps humains acheminés pour répondre à des demandes spécifiques, soit de collections privées, soit pour des transplantations discrètes – non contrôlées – à l'étranger, et notamment en Afrique du Sud voisine. Ces chauffeurs étaient eux-mêmes à la tête de commerces en centre-ville. Ils avaient pignon sur rue, leurs échoppes faisant office de couverture. Qui pouvait dire qu'un marchand de fruits et légumes se livrait à ces activités macabres ? Qui pouvait savoir si, en choisissant de rester ouvert toute la nuit, il ne souhaitait pas simplement se mettre à la disposition des clients du quartier ? La façade semblait inattaquable. Une petite fille de trois ans avait été retrouvée morte à cette époque, son corps ayant subi une ablation de plusieurs organes, reins et cornées arrachés, récupérés pour être vendus au plus offrant. L'Unesco avait relayé cette découverte tout en alertant sur une expansion de ces trafics.

Pour satisfaire des demandes accrues, la Chine a été soupçonnée d'autoriser, sinon de favoriser, ce négoce de corps, à l'insu des personnes et contre leur gré de leur vivant. Dans les prisons du pays sous haute sécurité, fermées aux visites et à la curiosité des étrangers, et dont personne n'ose parler de peur, peut-être, d'y être soi-même embarqué de force, des corps s'accumuleraient, atrophiés, des organes en moins. Le Congrès des États-Unis va plus loin en 2010, suivi en 2013 par le Parlement européen qui, l'un et l'autre, votent une résolution condamnant cette pratique. L'année suivante, comme pour se dédouaner, le gouvernement chinois finit par publier dans le journal du régime un article contre un haut dignitaire associé au monde médical. Il serait l'auteur « d'abus de transplantations d'organes ».

En Inde, Mère Teresa avait dénoncé, déjà à son époque, les horreurs qu'elle découvrait dans les bidonvilles. Elle venait en aide aux enfants abandonnés dans les caniveaux de Calcutta, qu'elle recueillait, accompagnée de ses Missionnaires de la charité. Elle allait plus loin encore en rendant publics les constats qu'elle y faisait. Il lui fallait trouver du soutien à l'étranger pour venir au secours des enfants des rues, volés, violés, prisonniers des mafias des corps sans nom, tués pour leurs organes frais, jeunes, en bonne santé ou enfermés dans des tonneaux et transformés en « enfants-pots ». Plus ils grandissaient, plus ces gamins étaient déformés, leur croissance stoppée par la taille de la boîte dans laquelle ils étaient enfermés. L'idée était d'en faire des mendiants, handicapés par ces déformations forcées. Quatorze ans après la déclaration d'Istanbul, qui a défini le trafic d'organes comme « incluant le transport, le transfert, le portage, l'embauche, la détention de personnes vivantes ou mortes ou de leurs organes soit par la fraude, la contrainte, la force ou autres moyens illégaux, pour de l'argent ou des revenus versés par des tiers à travers l'exploitation de donneurs potentiels », l'Inde reste le premier pays donateur d'organes, et l'organisation humanitaire britannique Justice Upheld estimait en mars 2022[1] que la moitié de ces organes étaient d'origine illégale.

Interpol, qui dispose d'une cellule spécialisée dans la lutte contre ces filières, a participé, en 2022, au démantèlement d'un réseau originaire d'Inde qui faisait miroiter des emplois à l'étranger à des Indonésiens crédules afin de prélever leurs reins pour le marché turc. Chaque rein s'y négociait autour de quarante mille dollars.

Le caractère international de ces tragédies prouve, tout autant que l'affaire du « don des corps », à quel point il est nécessaire de s'interroger sur l'étendue de l'exploitation de la mort, qui revêt finalement des formes assez proches, aussi bien par la cruauté impassible de ses auteurs que par l'organisation de réseaux clandestins et structurés. Tous, enquêteurs, magistrats, humanitaires, politiques, bénévoles, familles de victimes, nous devons poursuivre sans relâche ce combat commun pour défendre l'intégrité de ceux qui n'ont plus la parole ni le pouvoir de se défendre : nos morts.

1. Palak Kaushik, « Analyse : Le problème du trafic d'organes en Inde », Justice Upheld, 4 mars 2022.

10

Les cadavres de Lima et le dentiste de Cancún

J'ai besoin de faire des pauses au milieu de ce tourbillon, où la gravité des faits tend à me ramener sans cesse à cette réalité dure, brutale, injuste : imaginez que vous perdez une personne proche comme moi – votre mère, par exemple – après son décès et son transfert, selon ses volontés, vous découvrez qu'elle a subi des traitements inimaginables aux mains de véritables criminels. Toutes celles et ceux qui sont passés par là vous le diront : il faut savoir prendre le temps de parenthèses salvatrices. Chez moi, le répit, je le trouve dans ma vie de famille ou alors lors de conversations à table entre amis au cours desquelles on se dit tout et qui me permettent de m'évader de la lourdeur de mon quotidien. C'était le cas ce soir-là.

J'accepte un dîner. Mes amis me disent que je m'y changerai les idées en rencontrant du monde dans un cercle bienveillant. Que je me sentirai comme chez moi. Ils réussissent à me convaincre de sortir de cette affaire le temps d'une soirée de détente amicale. J'arrive à l'heure. La table est dressée. Mes amis connaissent mes goûts. L'odeur des plats embaume l'appartement. Je m'y sens déjà à l'aise. Ils ont invité d'autres personnes, tout en me promettant que le cercle resterait restreint.

Arrive un certain T. B., reporter, expert du photojournalisme, qui a parcouru le monde et enquêté sur des affaires suspectes dans tous les pays où il a séjourné. Vais-je replonger avec lui dans la dureté du monde ? Est-ce que ses histoires vont ranimer la mienne alors que je suis venue pour ne plus y songer pendant au moins quelques heures ? Ou au contraire cette rencontre va-t-elle renforcer mon besoin d'aller de l'avant, de poursuivre ma quête pour que la liberté de dénoncer l'absurde et l'horreur reste un droit fondamental ? J'avoue que je suis un peu inquiète lorsque je le vois arriver. Il parle et nous ouvre les carnets de ses aventures. Il est comme la plupart des grands reporters que j'ai rencontrés, jamais blasé, toujours curieux et bavard, sans pour autant s'imposer. Mais nous sommes tout à son écoute. Silence à table. Pas un mot de mes voisins et amis.

Il rentre du Pérou. Son escale à Lima l'a laissé perplexe, mais il n'en a pas encore parlé. Il semble pressé de se confier. Il résidait dans un hôtel situé en centre-ville, face à la mer. En arrivant en avion, en début de soirée, il n'avait pas encore aperçu le panorama comme il le découvre à cinq heures du matin. Il est tôt. Mais c'est la bonne heure pour aller marcher ou courir. Il observe depuis sa chambre des promeneurs et des joggeurs. Visiblement, cet horaire matinal est propice aux sorties en plein air. Il décide de rejoindre le mouvement et de prendre la température déjà chaude de la vie à Lima. Devant lui, une longue promenade longe la mer. À gauche, en sortant de l'hôtel, se dresse un rond-point chic et fleuri. L'atmosphère est paisible, rythmée par les habitudes d'une population qui se réveille peu à peu. Les commerçants s'organisent et les sportifs s'activent en effectuant leurs exercices. Mais il n'y a pas qu'eux. T. B. repère de l'autre côté de la place un beau bâtiment, sans doute d'une certaine valeur historique. Il distingue une plaque sur la façade qui semble l'indiquer, même s'il ne comprend pas tout ce qui y est écrit. Sur le même trottoir, flanquant ce bâtiment, sont alignés une église, une devanture ouverte, sans aucune vitrine, qui ressemble à une entreprise de pompes funèbres, puis une institution scientifique dans laquelle n'entre pas qui veut. Cet établissement semble élégant. De l'extérieur, par les fenêtres, il aperçoit de grandes bibliothèques de bois ciré, des tableaux encadrés et des fauteuils en cuir, comme dans les clubs anglais. T. B. revient sur ses pas pour faire face à la boutique de pompes funèbres. Il est intrigué par un mouvement qui lui paraît inhabituel. Un homme tourne autour d'un cercueil ouvert. Il n'y a pas de mur ni de porte, et ce cercueil comme d'autres sont exposés à la vue de tous sur le boulevard. C'est peut-être ainsi que procèdent les entreprises funéraires locales ? À moins… que ce ne soit une présentation en plein air des corps disponibles à la vente ce jour ? Des corps à acheter comme si de rien n'était ? Des cadavres à vendre sur le trottoir ? T. B. va à la rencontre d'un homme qui fait le guet devant l'un de ces cercueils. Il tend l'oreille, passe du français à l'anglais, à l'espagnol… Il veut comprendre, tout en cherchant à voir à l'intérieur des cercueils disposés autour de lui puisque, de toute façon, rien ne semble caché. Les morts sont exposés à la vue des passants et des promeneurs. « Je comprends – parce qu'il me montre une pièce de monnaie – que ce corps est à vendre, explique-t-il. Ce n'est pas son père ni son frère, mais un voisin dont il s'est occupé. Il semble me dire qu'après la cérémonie, je peux l'emporter contre de l'argent. Mais pourquoi ? M'a-t-il pris pour un scientifique ou un industriel étranger qui teste de nouveaux médicaments ? Le défunt lui a-t-il demandé de procéder ainsi ? Aucun acte autorisant cette procédure ne semble avoir été déposé sur ou dans le cercueil. Est-ce régulier et courant ? Serait-ce une tolérance en raison de la pauvreté et de l'absence de revenus quotidiens d'une partie de la population dans le pays ? Cette découverte matinale et ce face-à-face avec des morts placés dans des cercueils non fermés, sans aucune précaution particulière, confirment – si cela devait l'être – que l'appât du gain se moque des usages. Ce jour-là, dans cette promenade matinale, j'ai eu un étrange sentiment, une intuition immédiate. Cette enseigne de pompes funèbres dissimulait un trafic. La présence de cet homme aux aguets et son petit geste avec une pièce dans la main étaient à la fois explicites tout en étant discrets. Lorsque je me suis approché de lui, je croyais qu'il se recueillait, jusqu'à ce qu'il sorte de sa poche de la monnaie, puis qu'il se frotte les doigts comme pour m'adresser un message : "Argent, argent !" Ici, pour moi, dans cet étrange commerce, la mort n'attendait pas les prières. En rentrant à l'hôtel, j'ai joint un certain Carlos, qui collabore de temps à temps avec l'AFP. Il m'a dit que j'avais vu juste. Mes observations correspondaient bien à un manège crapuleux qui se produit à cet endroit, tôt le matin, lorsque la ville dort encore et que les touristes ne sont pas levés. Il a ajouté que plusieurs plaintes n'avaient jamais abouti. Elles traînent toujours dans un tiroir quelconque. »

Moi qui me faisais une joie de sortir de ces pensées sombres qui m'occupent et me préoccupent ! Ce récit n'a fait que les renforcer. Mais T. B. ne pouvait pas savoir quelle résonance son histoire aurait chez moi. Malgré tout, je ne regrette pas cette rencontre. Cette révélation m'a convaincue que j'avais raison de ne pas abandonner cet objectif que je me suis fixé de rendre justice aux morts. Bien au contraire. D'autres témoignages ont renforcé ma détermination.

Lors d'une escale au Mexique en 2022, Philippe Legrand, qui collabore à ce livre, a fait la connaissance d'un dentiste français qui a exercé à Paris, dans le 10e arrondissement. Il était lui aussi de passage à Cancún. En sortant de l'aéroport, les personnes qui venaient le chercher l'ont accompagné en ville, en prenant l'autobus. Pendant le trajet, ses amis voulaient prendre de ses nouvelles, savoir ce qu'il écrivait. Il leur a répondu en évoquant les grandes lignes de notre affaire, en prononçant le nom de l'université Paris Descartes plusieurs fois dans la conversation jusqu'à ce qu'un passager s'approche de lui et lui dise, dans un français sans accent :

« Je sais de quoi vous parlez, a commencé l'homme. J'y ai travaillé et enseigné. J'étais dentiste. La situation de cette université a alerté assez tôt la profession. Nous comprenions que quelque chose ne tournait pas rond, mais nous manquions de preuves, mis à part les pannes des chambres froides ou les mauvaises odeurs que nous avons signalées. Il devenait de plus en plus pénible d'y exercer. Au fil des années et à chaque fois que nous demandions une partie spécifique du corps pour étudier et exercer une pratique, appliquer des gestes chirurgicaux, il nous était apporté une tête ou une mâchoire dans un état de décomposition tel qu'il n'était pas possible de poursuivre la leçon ou l'étude. Nous avons menacé d'aller voir ailleurs, ce que nous avons fini par faire en trouvant en Loire-Atlantique des centres parfaitement clairs et bien entretenus. Pour tenter de nous convaincre de rester, un préparateur a fini par nous dire qu'il avait ce que nous attendions, mais qu'il fallait y mettre le prix, prétextant que la matière humaine se faisait rare dans une période de don du corps en baisse, dans les années 2000, bien avant que l'affaire n'éclate.

Je ne m'occupais pas de négocier les têtes : j'étais chargé de cours et apprenais à mes élèves comment opérer correctement la mâchoire humaine. Trop de sujets nous parvenaient en état de décomposition, ce qui nous empêchait de travailler correctement. Au lieu de comprendre notre détresse, notre bonhomme en a profité et aurait tenté de faire grimper les enchères tout en demandant à être payé en liquide. Pour alimenter une caisse noire ou son propre portefeuille ? Allez savoir. Après plusieurs alertes envoyées à la présidence de l'université, nous avons fini par partir en claquant la porte de Descartes. Ce centre était en train de filer un mauvais coton. Rien ne s'y passait comme nous l'aurions voulu. Nous allions de désagrément en désagrément sans pouvoir y trouver d'explications simples et limpides. Tout était rendu compliqué par une désorganisation qui semblait volontaire, pilotée par une petite poignée de personnes cupides, appâtées par l'argent facile et persuadées d'avoir le pouvoir dans le cercle fermé de ce cinquième étage. Plus vous en parlerez, plus la prise de conscience d'une anormalité obligera à statuer en profondeur. C'est de l'extérieur et de la multiplication des dénonciations que viendront les sanctions et les réformes. Plus un système est gangréné de l'intérieur, moins il a la capacité de sortir d'une situation qui fait de l'habitude une raison d'être. »

11

« J'ai reconnu la tête de Papa sur une étagère »

Beaucoup d'autres familles souffrent comme moi du drame épouvantable qui nous ronge depuis la révélation de l'affaire, fin 2019. Rien qu'au sein de l'association Charnier Descartes, justice et dignité, ce sont près de deux cents familles qui tentent de faire entendre leur voix. Comme moi, elles sont concernées, meurtries, se sentent trahies. J'en connais personnellement une dizaine avec qui j'ai des contacts réguliers. Nous nous téléphonons de temps en temps pour nous soutenir dans l'attente du procès qui, nous l'espérons, permettra de nous apaiser un peu. Certains ont beaucoup de difficultés à vivre au quotidien avec le poids de ces révélations incessantes et qui devraient se poursuivre jusqu'à la fin de l'aventure judiciaire, que nous espérons proche. Beaucoup, comme moi, ont des troubles du sommeil. Combien ont dû se tourner vers des antidépresseurs pour améliorer leur quotidien ? D'autres enfin ont lâché et n'iront pas au bout de leur démarche initiale, qui était de porter plainte afin de « tourner la page pour passer à autre chose », si jamais cela est possible... En parlant avec ces personnes, je me sens moins seule dans mon chagrin. Je m'aperçois que, comme moi, à l'approche des dates anniversaires du décès de nos proches ou pendant la période des fêtes de fin d'année, ces gens sont comme absents. Absorbés par les souvenirs qui finissent immanquablement par les ramener à cette ultime étape dans la vie de nos défunts, à cet horrible carnage. Début 2023, les auditions menées par les différents juges d'instruction chargés du dossier – Lallement, Henry et Chérichi – se poursuivent mais, à mon sens, parmi les personnes qui étaient au courant et qui ont laissé faire, trop peu ont été inquiétées. Néanmoins, puisqu'il y a toujours une part de positif dans tout ce qui nous blesse, je dois admettre que ce drame m'aura au moins permis de rencontrer de belles personnes, bouleversées elles aussi par toutes les atrocités que nos proches ont subies. Parmi elles, Kim Garrel, la fille du comédien Maurice Garrel (le grand-père de Louis), qui a tenu à témoigner sous sa vraie identité.

Kim est une artiste comme l'était son père. Trapéziste, mais aussi chanteuse et coach sportive, cette femme lumineuse et toujours souriante cache un énorme désespoir. Comme moi, c'est par les médias qu'elle a appris ce qui se passait rue des Saints-Pères. Dès qu'elle a eu connaissance des faits, elle s'est mise à scruter la presse. C'est ainsi qu'elle a trouvé mon nom dans un article et qu'elle a cherché sur Internet comment me contacter. Elle m'a laissé un message auquel j'ai répondu. Nous nous sommes donné rendez-vous dans un café et elle a ensuite porté plainte et adhéré à l'association. Aujourd'hui encore, elle reste sous le choc et me dit souvent : « Jamais je n'aurais imaginé qu'une telle tragédie soit possible. » Elle repense à son père, si généreux, qui avait fait don de son corps pour qu'il soit l'objet de travaux menés en conscience, pour le bien de tous, et avec lequel on a joué sans scrupules, comme si, à cet étage de la grande faculté, n'existait aucune reconnaissance, aucun respect. « Jamais, non jamais, je n'aurais pu croire qu'une telle situation soit possible. Parce que le don du corps ne peut exister autrement que parce qu'il y a chez le donneur un altruisme majeur et une confiance totale dans le corps médical, les institutions dont il dépend, et le progrès scientifique, résume-t-elle. Mon père était comédien et très attentif aux autres. Que ce soit à la Comédie française ou sur grand écran, il prenait soin d'écouter le public. C'était un humaniste. Un fraternel qui considérait la solidarité comme une religion à pratiquer au quotidien, dans la mesure du possible. Lorsqu'il s'est agi de parler de sa mort, il était décidé. Il voulait être "donneur de corps". De son corps. Ma mère et moi avons cherché à l'en dissuader, mais il n'a rien voulu entendre. C'était son choix et rien ni personne n'aurait pu l'orienter différemment, le pousser dans une autre direction. Je me souviens qu'il parlait souvent et longtemps avec son ami, le comédien Michel Piccoli. Ils étaient très proches. Ils ont dû aborder la question ensemble car la vie, la fête, la table, mais aussi la mort, étaient entre eux des sujets de débats ou de conversations amicales. Papa était prêt. Il nous l'avait dit. Lorsqu'il est décédé à l'hôpital, j'ai insisté pour le laver entièrement afin qu'il soit beau, dans ses vêtements préférés. Je savais que c'était la dernière fois que je pouvais être en contact avec lui, le prendre dans mes bras, le soigner, le toiletter. Je suis même allée jusqu'à tirer la fermeture éclair du sac noir dans lequel il a été glissé pour être emporté au CDC. Après, plus rien, le vide. Aucun endroit où nous recueillir avec ma mère. Nous avons réalisé son vœu. Et je m'en veux. »

Ce sentiment de culpabilité nous hante tous et toutes. Qu'aurions-nous pu faire ? Qu'aurions-nous dû faire ?

Kim poursuit son témoignage : « Lorsque j'ai appris qu'il y avait une affaire autour du cinquième étage de ce centre, tous ces souvenirs m'ont ébranlée. D'autant que mon oncle – duquel j'étais aussi proche – avait fait le même choix : donner son corps, direction la rue des Saints-Pères. J'avais fait la même demande que pour mon père, afin de m'occuper de lui, jusqu'à ce que son corps soit emporté.

J'ai fait une tentative de suicide. Un psychiatre me suit. Des médicaments, antidépresseurs, anxiolytiques et somnifères m'aident encore à tenir et je crains que ça ne dure jusqu'à la fin de mes jours… J'essaie de refaire surface, mais il y a toujours ces ombres et ces questions qui m'envahissent, par moments plus que d'autres, surtout lorsque je me retrouve seule. Avant d'entendre parler de cette affaire, de l'enquête, ce qu'il y a d'incroyable, ce sont ces intuitions que j'ai eues et que je chassais de mon esprit en me disant que j'avais tort. Un jour, je décide d'aller voir comment cela se passe au CDC. Je traverse des couloirs sombres, sales, aux odeurs nauséabondes, difficilement identifiables. Je me bouche le nez pour atteindre la porte fermée à double tour du cinquième étage. Je sonne. Je frappe. Je veux savoir comment on s'occupe de Papa. À quoi, à qui sert sa générosité. Je veux pouvoir emporter un souvenir de lui. Personne ne m'ouvre. Personne ne me répond. J'insiste au moins pendant un quart d'heure. Je sais qu'il y a du monde. Et qu'il se passe quelque chose car j'entends des bruits. On déplace des chariots, il y a comme des mouvements ou des échos métalliques. Puis la porte finit par s'entrouvrir. Une femme passe la tête par l'entrebâillement. Elle me demande ce que je veux. Je lui dis qui je suis et pourquoi je suis là. Elle me demande d'attendre et me dit que quelqu'un va venir. Je dois m'éloigner de la porte, les minutes sont interminables. Je ne suis pas à l'aise. Le temps passe et personne ne se présente. »

Nous avons tous et toutes connu cette attente infernale, ce mépris, ce rejet.

« Et puis il y a cette silhouette qui apparaît, se souvient Kim. Massive, avec une voix lointaine et fuyante qui veut en finir, passer à autre chose ou retrouver son activité derrière cette porte infranchissable. Je lui dis ce que je suis venue faire ici. Il ne me répond pas vraiment, me laisse juste entendre qu'il fait son métier et que tout se déroule selon les règles du don de corps au CDC. Je n'ai pas d'autre choix que de repartir, de quitter cet endroit sinistre, d'aller chercher la lumière dehors. Respirer, me laver les mains et prendre une douche. Je me sens sale. L'homme qui s'est présenté devant moi portait une chemise couverte d'auréoles de transpiration, il suait à grosses gouttes, son pantalon était sale, plein de taches de haut en bas. Des taches de quelle nature ? Je ne saurais le dire.

En regardant de près les photos qui ont circulé depuis le début des révélations de ces horreurs, mon intuition est toujours en éveil. J'ai reconnu la tête de Papa sur une étagère. Mais pourquoi ? Que s'est-il passé ? Qu'ont-ils fait de lui ? »

Huguette Garrel, l'épouse de Maurice, vit aussi cette longue et terrible attente d'une conclusion qui permettrait de savoir ce qui s'est réellement passé dans cet endroit où ont échoué les dépouilles de son mari, mais aussi de son frère. Nous l'avons rencontrée avec Philippe en août 2022. Elle a eu la force de se confier à nous :

« Je me souviens, et ne l'oublierai jamais, de ce jour où Maurice était dans son fauteuil et où il m'a dit : "Tu ne vois pas d'inconvénient à ce que je donne mon corps à la science ? Pour moi, c'est décidé, ce sera ainsi." Il a toujours voulu se rendre utile, il n'aimait pas être traité à part du fait de son statut d'acteur. Lorsqu'une production le sollicitait, il faisait passer le message selon lequel il souhaitait que les droits soient les mêmes pour tous. Maurice était solidaire et généreux. Lorsqu'il m'a fait part de ses intentions après sa mort, c'était aussi pour me dire que, même dans cet état sans vie, il voulait continuer à être proche de ceux qui auraient besoin de lui. Ce don, c'était sa façon à lui de rester actif, de servir une cause qui, à ses yeux, les valait toutes. Mon frère était dans le même état d'esprit. Je dois avouer que je l'étais aussi, comme d'autres membres de notre famille. Ce choc profond que nous portons nous fait réfléchir autrement. Sans avoir toutes les données sur les atrocités qui ont eu lieu, et dans l'attente qui est la nôtre, nous vivons comme prisonniers d'un cauchemar dans lequel nous imaginons tous les scénarios, des agissements des préparateurs aux commerces monstrueux des corps de nos proches. Toute la famille vit cette affaire comme un électrochoc, comme une bombe à retardement qui fait bouillonner les souffrances internes que nous éprouvons chacune, chacun, dans notre chair. Lorsque Maurice et mon frère sont partis pour le centre du don, c'était dans une petite carriole brinquebalante. C'est vrai que maintenant, je me dis au fond de moi qu'il y avait comme une forme d'amateurisme dans ce transport. On aurait presque dit que nous avions affaire à des charretiers soucieux d'arrondir leurs fins de mois et qui n'y connaissaient rien, tellement tous les gestes semblaient désordonnés. Maladroits. Faits à la va-vite. Comme si on voulait nous cacher quelque chose. »

12

Pourrai-je un jour faire mon deuil ?

Toutes les familles que ce drame m'a permis de rencontrer vivent une expérience différente et toute personnelle. Comme le souligne mon avocat, Maître Fabrice Di Vizio, nous ne sommes pas des numéros, mais bien des familles avec chacune son histoire propre et particulière. En ce qui me concerne, je fais partie des trois ou quatre proches de défunts ayant adressé une demande écrite à la faculté pour savoir ce qu'il était advenu du corps de notre parent et à qui on a refusé de dire ce qui avait été fait de leur dépouille. À la lettre que j'ai envoyée à la présidence de l'université, il m'a été répondu que ma mère n'avait servi ni à la science ni à la recherche. Soit, mais alors, comment son corps a-t-il été utilisé ? J'ai à nouveau interrogé par écrit la directrice de cabinet de l'université. La réponse est tombée comme un couperet et m'a laissée sans voix : elle a plaidé le secret médical.

Mais de quoi parlait-elle ? De quel secret ? Ma mère était morte, bon sang ! Et je connaissais parfaitement son dossier médical. Je me suis même rendue avec elle chez son oncologue. Elle me donnait à lire ses analyses de sang. J'étais folle de rage, même si je n'ai rien laissé paraître. Le 15 décembre 2022, lors de mon audition par la juge Chérichi chargée d'instruire le dossier, je l'ai exhortée à ce que la lumière soit faite pour que je puisse enfin savoir. Même une réponse difficile à entendre – si on m'annonçait par exemple que ma mère avait été laissée à l'abandon dans la chambre froide non réfrigérée du CDC, en plein mois d'août, et que son corps délabré avait été incinéré sans avoir servi à rien – serait plus facile à digérer que cette incertitude et cette ignorance.

Me Fabrice Di Vizio et son associée, Me Amelle Bouchareb, ont souhaité que je sois entendue rapidement par la juge d'instruction chargée du dossier. Tous deux se sont même étonnés que je n'aie jamais été convoquée auparavant. J'ai soudain eu l'impression d'avoir perdu beaucoup de temps avec mon défenseur précédent. Début décembre 2022, j'ai donc reçu un appel de Me Bouchareb m'informant que j'allais rencontrer la juge. Quelques jours plus tard, j'ai en effet reçu ma convocation par la poste. Le rendez-vous était fixé au 15 décembre 2022, à dix heures. C'était notre première rencontre. Un froid polaire s'était abattu sur Paris, le métro circulait très mal. Je ne voulais pas arriver en retard au tribunal car je savais qu'il fallait du temps pour franchir les portes de ce bunker et parvenir dans les étages jusqu'aux bureaux des juges. Manque de chance, nous marquions des arrêts réguliers pour régulation, et je voyais les aiguilles de ma montre qui tournaient et l'heure du rendez-vous qui approchait. Mon cœur se serrait. Cette fois, c'était sûr, j'allais être en retard et je déteste ça. J'ai senti le stress monter en flèche. J'ai essayé de me calmer car je ne pouvais absolument rien faire pour forcer le conducteur de métro à avancer. Mon avocate m'a appelée sur mon téléphone portable, pensant que je ne m'étais pas réveillée. Je lui ai dit qu'il me restait deux stations avant d'arriver à bon port. Elle m'a informée que j'allais devoir faire la queue pour entrer dans le tribunal et que ça prendrait sûrement du temps, qu'elle appelait donc le bureau de la juge pour prévenir de notre retard. J'étais dépitée. Heureusement, la situation s'est débloquée d'un coup. Je suis arrivée à la station Porte de Clichy. J'ai couru dans les longs couloirs de la station en direction du tribunal et j'ai finalement réussi à entrer très vite dans ce gigantesque bâtiment. Me Bouchareb et moi sommes finalement arrivées avec trois minutes d'avance. Nous sommes entrées dans le grand bureau vitré de la juge Inès Chérichi, qui attendait avec la greffière et une médecin – dont j'ai oublié le nom – s'étant rendue à Descartes pour les besoins de l'enquête. La juge m'a expliqué que ce que j'allais déclarer serait consigné par écrit et que je devais parler lentement pour que la greffière ait le temps de tout noter. C'est certainement cet exercice qui a été le plus difficile pour moi. Je brûlais tellement de dire tout ce que je savais et que j'avais appris à propos du cinquième étage du 45, rue des Saints-Pères que je parlais beaucoup trop vite. Il m'a fallu un petit temps d'adaptation pour ralentir et trouver le bon rythme. À mes côtés, mon avocate écoutait, silencieuse. Elle m'avait prévenue que j'allais être quasiment tout le temps la seule à parler. Parfois, la juge me questionnait. Curieusement, l'atmosphère n'était pas trop tendue. Je redoutais un moment glacial qui m'aurait mis mal à l'aise ou qui aurait fait monter mes larmes, mais ça n'a pas du tout été le cas. Il est vrai que je m'étais préparée mentalement à cette rencontre que j'avais moi-même sollicitée. Dans ma tête, il était clair que j'allais au tribunal en tant que victime et non pas en tant que coupable présumée, ce qui change tout, je suppose... La juge m'a semblé intéressée par le dossier et s'est montrée plutôt bienveillante à mon égard en s'excusant par avance des termes, sans doute choquants, qu'elle allait employer pour me décrire certains faits. Je lui ai répondu que je connaissais bien le dossier et que plus grand-chose ne pouvait désormais me désarçonner. Je m'attendais à tout. Le temps est passé très vite. J'étais tellement concentrée sur ce que je racontais pour essayer de ne rien oublier que je ne me suis pas rendu compte que nous avions échangé près de deux heures.

Lorsque je suis sortie du bureau de la juge, j'ai eu la sensation d'avoir été utile. D'avoir porté des faits nouveaux à sa connaissance. Cela m'a fait un bien fou. Toutes ces tensions accumulées ces derniers mois retombaient enfin. J'ai senti que quelque chose venait de lâcher à l'intérieur de mon corps, et c'était agréable. J'ai également eu le sentiment d'avoir été écoutée attentivement pour que l'enquête progresse enfin et qu'on aille un peu plus loin dans les investigations. J'espère que mon instinct ne me trompe pas. L'avenir me le dira. C'est important pour nous autres, les proches des victimes. Chacun et chacune, à titre individuel, avons vécu un enfer personnel que seule la justice, peut-être, pourra dissiper. En écoutant les témoignages des uns et des autres au cours de nos rencontres ou de nos conversations téléphoniques, j'ai eu vent d'au moins deux autres histoires bouleversantes.

Christine, une des autres plaignantes, m'a par exemple expliqué que sa mère, décédée en décembre 2017, à l'hôpital en région parisienne à l'âge de soixante-quinze ans, avait réussi à obtenir une cérémonie religieuse avant de partir pour Descartes. C'était un désir de la défunte que de passer par l'église avant d'aider la science. Après avoir bataillé avec les pompes funèbres pour des détails, puis changé de prestataire funéraire en cours de route, sa fille a finalement réussi à réaliser le vœu de sa mère. Auparavant, elle avait demandé l'autorisation au centre du don de Descartes, qui lui avait donné un avis favorable pour que la donneuse arrive à l'université, sans aucun soin de conservation bien sûr, mais maquillée et habillée dans son cercueil. Par la suite, la faculté l'avait même prévenue de la date de dispersion des cendres de sa maman et un autre courrier lui proposait d'assister à l'une des trois cérémonies œcuméniques qui se tenaient tous les ans au Père-Lachaise pour les donneurs de l'année. Quoi de plus rassurant que de savoir qu'on laisse partir les siens avec la sensation du devoir accompli et dans un environnement qu'on suppose sain ?

C'était sans compter sur ce fameux jour de novembre 2019 qui allait tout remettre en question. Alors qu'elle était au téléphone avec sa cousine, cette dernière lui a fait comprendre qu'il s'est passé des choses graves au CDC, sans lui dévoiler complètement l'ampleur de l'horreur, et qu'il serait souhaitable qu'elle aille jeter un coup d'œil aux informations.

Elle m'a décrit la surprise et le grand désarroi qui l'ont frappée quand elle a ouvert Internet et que les articles ont commencé à s'afficher. Au fur et à mesure qu'elle me racontait son histoire, j'avais l'impression de revivre la mienne. Comme moi, et tant d'autres, Christine s'est retrouvée totalement désorientée en découvrant les papiers consacrés à l'affaire. Elle allait et venait, seule dans son salon, ne parvenant pas à croire ce qu'elle lisait. En larmes. Tout cela était impensable et extrêmement douloureux. La nouvelle l'a anéantie.

Isabelle, fille de victime elle aussi, m'a rapporté une expérience similaire lorsqu'elle a appris l'existence du charnier. Pendant une vingtaine de minutes, elle ne réagissait plus aux sollicitations de son entourage. Le choc a été si violent que son compagnon a cru qu'elle subissait un nouvel AVC : « Tous les progrès que j'avais réussi à faire après mes accidents vasculaires cérébraux ont été réduits à néant en un instant, déplore-t-elle. Mes douleurs neurologiques sont revenues. Elles ne me quittent plus. Heureusement que je suis suivie deux fois par semaine par des psys dans un centre antidouleurs, car personne à l'université Paris Descartes ne nous a proposé de prise en charge psychologique malgré le choc qu'on a pris sur la tête. Or, mes douleurs viennent de là ! » En continuant de fouiller la Toile, elle a découvert l'existence d'une page Facebook consacrée à ce drame et c'est comme cela qu'elle a rejoint, un peu plus tard, l'association CDJD. Dès les premières lignes de l'article de presse qu'elle avait sous les yeux, elle a ressenti une douleur vive en comprenant la haute trahison dont avaient été victimes ses deux parents, Élise et Christian. Deux personnes qui, comme ma mère, étaient malades depuis longtemps et voulaient à leur manière remercier la médecine en offrant leurs dépouilles à la recherche :

« Ma mère a souffert toute sa vie de diverses maladies, depuis l'âge de quatorze ans. Elle ne voulait pas que les autres aient aussi mal qu'elle, et pour cela il n'y avait qu'une solution à ses yeux : aider les médecins à chercher et à trouver des traitements pour combattre la douleur », m'a-t-elle confié.

Lorsque la mère d'Isabelle décède en 2018, elle ne veut pas la voir partir toute seule au CDC. Elle a donc prévu d'accompagner le corps de sa maman jusqu'à la faculté. Malheureusement, elle est elle-même rattrapée par la maladie et fait un deuxième AVC, ce qui l'empêchera de mener à bien son projet. Ce n'est que quelques mois plus tard, une fois sortie de l'hôpital, qu'elle pourra se rendre au centre en refaisant le trajet que le corps de sa mère avait parcouru jusqu'à Descartes, et qu'elle montera au cinquième étage pour demander des nouvelles. Elle a ainsi obtenu la date de crémation et de dispersion des cendres de la défunte. En revanche, personne n'a rien retrouvé à propos de son Papa, décédé huit ans plus tôt, et qui lui aussi avait donné son corps à la science. On lui a juste dit que le transport des corps pour la crémation était géré par la mairie de Paris et que c'était vers ses services qu'il fallait se tourner. Ce n'est que bien plus tard qu'elle a appris que son Papa avait prétendument été incinéré au crématorium des Joncherolles, à Villetaneuse, en Seine-Saint-Denis. Pourquoi ? Mystère. Normalement les crémations se font au Père-Lachaise. Lorsqu'elle a appelé le cimetière des Joncherolles, on lui a répondu qu'il n'y avait aucune trace de son père.

Presque trois ans après avoir appris ce qui s'était passé à Descartes, Isabelle est toujours effarée, chamboulée : « J'avais réussi à faire mon deuil, mais on m'a saccagé une partie de ce travail. Descartes a aussi saccagé l'image et l'identité de nos parents. Ils ont pris une partie de mes tripes. Depuis novembre 2019, je ne dors pas toujours très bien. Je fais beaucoup de cauchemars où je vois mes parents morts et le visage dévoré par des souris. Ils ont ouvert chez moi une plaie qui ne cicatrise pas. J'ai hâte de voir les responsables de ce carnage en face de moi au procès. Ils me doivent des comptes ! Je ne pourrai jamais leur pardonner. » Lorsqu'elle rend visite aux médecins qui la suivent et qu'elle les interroge sur ce qui s'est passé à la faculté, il apparaît que certains étaient au courant. L'un d'eux, qui a disséqué aux Saints-Pères, lui dira même : « Descartes, c'était une horreur ! » Isabelle lui demande alors pourquoi n'avoir rien dit à ce moment-là. Le médecin lui avouera qu'à l'époque, il n'était qu'étudiant et que s'il avait parlé, il n'aurait probablement pas pu passer son diplôme. Il lui confie également que tout n'était que non-dits dans cette ambiance dantesque. Personne ne parlait et personne ne voulait parler. Bien avant que le scandale n'éclate, une autre praticienne avait déjà déconseillé à Isabelle de donner son corps à la science. Savait-elle quelque chose sur la maltraitance des cadavres ? On peut le supposer. En 2023, Isabelle ne sait toujours pas ce qu'il est advenu du corps de ses parents.

Aujourd'hui, pour elle comme pour beaucoup d'autres plaignants, il ne se passe plus une journée sans qu'elle pense à ce drame. Après avoir pris tant de soin de la dépouille de sa mère afin que cette femme généreuse puisse accomplir son souhait de donner pour le bien d'autrui, comment était-il possible d'accepter que des barbares de la pire espèce aient pu se comporter aussi mal avec elle ? Contrairement à moi, elle était pourtant d'accord avec le choix de ses parents. Elle trouvait le geste généreux, beau et essentiel pour aider la médecine et la chirurgie à progresser. Elle envisageait de faire le même choix que ses parents. Après ces révélations macabres, elle a décidé qu'elle ne donnerait pas son corps après sa mort.

Ce qu'elle espère aujourd'hui, comme beaucoup d'entre nous, c'est que les coupables de toute cette infamie soient punis et qu'après le procès, notre travail se poursuive pour mieux encadrer le don du corps. Isabelle, qui est devenue l'une des plaignantes avec lesquelles j'échange le plus souvent, aimerait faire partie des comités d'éthique prévus dans les centres du don et effectuer, avec les autorités compétentes, des contrôles surprises des centres : « Il est capital que les futurs donateurs soient rassurés et aient confiance en leur choix de faire don de leur corps. Plus jamais ce charnier ne doit se reproduire et il faut impérativement y veiller pour le bien de tous. »

Parmi les plaignants se trouve également André[1], un membre du CHSCT de son ex-entreprise. Sa mère avait donné son corps au CDC de Paris Descartes en 2010. Après avoir pris connaissance des courriers échangés en interne à l'université et publiés dans les médias, il ne s'explique toujours pas pourquoi le CHSCT et les représentants du personnel n'ont pas été entendus par la justice au cours de l'enquête. « Ils se devaient d'alerter », me dit-il. Le rôle du CHSCT dans une entreprise est essentiel lorsque se présente un doute sur l'hygiène, la sécurité et les conditions de vie au travail. C'est son rôle et son devoir de signaler toute infraction. « À part un rapport du comité faisant suite à une visite des locaux en juin 2014, signalant des problèmes d'odeur et la présence de souris, il n'y a pas eu d'enquête plus poussée sur les conditions de travail au sein du CDC

1. Ce prénom a été modifié par soucis de confidentialité.

durant les trente années de dysfonctionnements présumés du centre. » Invraisemblable, d'autant que l'année précédente, l'audit réclamé par le doyen de l'université de Nantes avait relevé que les cadavres du centre étaient entreposés dans des conditions inacceptables, les uns sur les autres, s'agrégeant au gré des épanchements de fluides corporels. L'omerta, encore et toujours l'omerta, ce silence si lourd qui se poursuit aujourd'hui. André a bien tenté d'enquêter de son côté sur le CHSCT de Descartes à l'époque du charnier, mais il n'a jamais été rappelé par ses homologues du centre du don, qui lui avaient portant promis qu'ils le tiendraient informé. La solidarité qu'il aurait pu espérer rencontrer, surtout s'agissant d'un sujet aussi sensible, n'a pas été au rendez-vous.

Dans les premières manifestations auxquelles je me suis rendue pour dénoncer le scandale avec mes nouveaux camarades d'infortune, en février 2020, se trouvait une jeune femme frêle, brune, accompagnée de sa tante. Blondie était là pour défendre l'honneur de sa grand-mère, Jeannine, décédée à l'âge de quatre-vingt-deux ans, le 3 juin 2018. Cette dame avait, comme ma mère, décidé de donner son corps dans ce qu'elle pensait être le plus prestigieux endroit pour cela, la faculté de médecine de Paris Descartes. Jeannine, que sa petite-fille décrit comme jolie, coquette et gentille, avait fait part à sa famille de son souhait de donner son corps en plein déjeuner familial, alors que Blondie n'était qu'une adolescente. Cette décision avait donc été prise de longue date. Sa petite-fille avait alors pris l'annonce de sa grand-mère à la légère et lui avait lancé d'un air détaché et moqueur : « Tu vas finir en charpie. Ils vont faire n'importe quoi avec ton corps. » Des mots qu'elle regrette aujourd'hui et qui sonnent comme une funeste prémonition.

Lorsque je lui ai demandé pourquoi Jeannine voulait donner, elle m'a répondu qu'elle souhaitait être utile une dernière fois, aider les étudiants en médecine à se former et à progresser en anatomie. Du coup, quelques jours après le décès de sa grand-mère en 2018, et parce qu'en tant qu'adulte elle avait pris le temps de bien réfléchir à la question et qu'elle avait trouvé ce geste noble, Blondie avait fini par prendre, elle aussi, sa carte de donatrice aux Saints-Pères. Une carte qui ne servira plus jamais puisque le centre ne devrait pas rouvrir de sitôt. Elle ne sait pas encore si elle va s'inscrire dans un autre centre du don. Il est sans doute trop tôt pour se décider… Elle m'a confié que si elle refaisait une demande de carte, ce serait dans un endroit où on aurait pris le temps de bien l'informer sur ce à quoi elle allait servir après sa mort. Pas question pour elle d'être utilisée pour tester des voitures ou des explosifs. Comme sa grand-mère, elle veut uniquement permettre à la médecine de progresser. Depuis qu'elle a découvert cette affaire aux informations, Blondie est devenue obsessionnelle au point de connaître tout ce qui concerne, de près ou de loin, le don du corps. Elle m'a confié qu'en même temps qu'elle préparait les repas pour ses enfants, elle pianotait sur son téléphone portable pour trouver la moindre information qui lui permettrait de comprendre comment se déroulent les dissections, les crémations, les crash-tests automobiles. Toute la journée, elle fouine, elle fouille la Toile dans tous les sens. Elle a lu plusieurs thèses de biomécanique afin de comprendre comment et dans quel but se font les tests de résistance des os aux pressions qu'ils peuvent subir. Elle sait par exemple en combien de temps se casse un fémur ou une cage thoracique selon l'expérience menée et l'âge du sujet utilisé. Dès qu'elle a un moment de libre, elle cherche encore et encore…

Comme la plupart des autres proches de victimes, désormais lorsqu'elle pense à sa grand-mère, les images qui lui parviennent ne sont plus celles d'une mamie aimante et douce, mais celles de corps putréfiés et maltraités au cinquième étage de la faculté. D'après les renseignements que l'université lui a transmis, le corps de Jeannine n'est resté qu'un mois et demi au sein du CDC. Elle suppose que c'était au moment où l'administration du centre effectuait un grand ménage. Elle doute donc de l'utilité de ce don, en plein mois de juin, alors que les étudiants avaient déserté la faculté. Lorsqu'ils sont revenus en septembre, Jeannine n'y était déjà plus. Sa tante n'a pas souhaité demander à l'université à quoi avait servi le corps de la défunte. Ces deux femmes sont donc dans l'incertitude. Aujourd'hui, Blondie est en colère. Elle n'arrive plus à faire son deuil, dort mal, a perdu beaucoup de poids. Elle se dit révoltée par le silence du milieu politique autour de ces faits inacceptables. Elle aurait aimé que certains prennent la parole, ne serait-ce que pour dire qu'il faut laisser la justice faire son travail. Juste quelques mots pour dire aux familles qu'elles ne sont pas seules. Serait-ce trop demander ? Comme moi, elle se sent abandonnée par l'État et ce, jusqu'à ce que la date d'un procès soit fixé par la justice.

13

Il est temps de repenser le don du corps

Que se cache-t-il derrière les lourdes portes de cette faculté de médecine où la polyvalence en matière d'enseignement des disciplines de santé reste une tradition importante ? Des jeunes passionnés, des moins jeunes inspirés se pressent sous ses ors de façade pour apprendre un métier et comprendre les clés pour soigner, pour chercher et trouver les voies de la guérison. À l'ombre des amphithéâtres et dans le dos de ces étudiants soucieux d'une certaine éthique, une armée secrète de malfaiteurs s'est mise à jouer avec les corps de ceux qui ont choisi d'aider la recherche pour faire progresser les soins et traitements en y contribuant par le don d'eux-mêmes, de leurs os, de leur chair, de leurs organes, de ce qui a fait leur silhouette, leur personnalité. Qu'aurait pensé Descartes, le raisonné, le raisonneur, dont le nom a été emprunté pour figurer sur le fronton de cette université, devant cette escalade de l'horreur ? Devant ceux qui ont fait de sa célèbre phrase, « Je pense donc je suis », une autre devise : « Je maltraite pour exister ». Faire du mal aux morts ne revient-il pas à faire du mal aux vivants, aux futurs patients dont la santé est protégée par le serment d'Hippocrate ?

Les affaires qui mêlent des professionnels de santé à des drames humains sont légion dans les annales de la justice comme dans le monde médical, en dépit des serments prêtés, de cette étape qui fait entrer ceux qui ont réussi à franchir le pas dans un cercle d'initiés contraints à l'exemplarité. Il n'empêche que le lucre ou la tentation de jouer les apprentis sorciers pousse quelques-uns de ces élus à quitter un cadre légal pour pactiser avec le diable. Du sang contaminé aux prothèses qui défigurent la silhouette, aux opérations inutiles qui mutilent, en passant par les attouchements qui violent l'intimité, l'habit médical ne fait pas toujours le moine intègre et désintéressé que l'on pense avoir devant soi. Les leçons de l'histoire ne servent-elles à rien ? Pascal a livré dans ses *Pensées* autant de réflexions sur la vie que sur la mort. Il s'est penché sur chacun des moments de l'existence et a dressé un constat incontestable. L'homme, en donnant la vie, transmet le savoir qui va avec, comme une encyclopédie viendrait augmenter ses chapitres au fil des années. Autrement dit, on grandit, on s'épanouit grâce à la connaissance des anciens, avec cette envie, à son tour, de profiter du passé pour continuer à le faire évoluer, à le faire progresser au présent, pour aider les générations futures à s'ouvrir au monde. Malheureusement, les cycles de l'histoire prouvent que la mémoire s'efface et que, bien souvent, tout est à recommencer. Pascal en convient : « La vérité est si obscurcie en ces temps et le mensonge si établi, qu'à moins d'aimer la vérité, on ne saurait la reconnaître[1]. » En partant de ce constat, et à la lumière des faits qui se sont produits au cœur de cette faculté parisienne, il m'a semblé utile de partager avec vous cette histoire – la mienne et celle de centaines d'autres. De la découverte de l'innommable à cet état d'esprit engagé qui est aujourd'hui le mien, je reste torturée par cette question : quelles sanctions prononcer à l'égard de tous les coupables de ce drame qui a bouleversé bien des vies ? Coupables d'avoir tué des morts, d'avoir

1. Blaise Pascal, *Pensées*, éd. Michel Le Guern, 1977, Paris, Gallimard, §627.

donné la mort une seconde fois, par intérêt financier, par acharnement ou par amusement, par le mensonge ou la dissimulation, par la folie servie par des manœuvres diaboliques. Je souhaite que la justice prononce un verdict à la hauteur de la gravité des actes individuels ou collectifs. Du petit préparateur de corps-trafiquant smicard aux différents ministres de la Santé, de la Recherche (si jamais il est prouvé un jour qu'ils ont eu les dossiers du CDC entre les mains, mais n'ont rien fait) ou aux présidents de faculté, directeurs du centre du don des corps, instruits, souvent décorés, au salaire bien garni, certains savaient manifestement, mais personne n'est intervenu pour que cela cesse. C'est inacceptable ! Pour leur défense, il est à prévoir que certains de ces personnages diront qu'ils n'étaient pas au courant, ce qui, même si c'était vrai, serait tout aussi grave vu les fonctions qu'ils occupaient à l'époque. Que le voile de l'omerta tombe pour ne plus cacher l'indignité des coupables et des complices. Nous sommes confrontés à un scandale d'État – puisque des ministres, certains de leurs conseillers, et des hauts dirigeants de l'institution médicale sont concernés –, une hydre à trois visages : sanitaire, politique et universitaire.

Après la révélation de cette sordide affaire, certains scientifiques ont essayé de nous faire croire que la science n'avait plus besoin de corps humains pour s'exercer. C'est faux ! Les meilleurs anatomistes mondiaux l'affirment. Rien ne pourra jamais remplacer la chair, la peau, les muscles ou les viscères humains pour étudier correctement l'anatomie et ainsi se perfectionner. Chaque individu a ses propres spécificités, à l'intérieur comme à l'extérieur. Mieux vaut donc, avant d'ouvrir un patient lorsque vous pratiquez la chirurgie, avoir étudié tout ce qui le compose sur différentes personnes auparavant.

Un article des *Échos*, paru en 2019[1], explique que même le législateur japonais impose qu'un corps ne soit pas abîmé après sa mort, bien que la tradition de la crémation y soit très répandue. Peu importe si le corps doit être détruit (les Nippons parlent de purification), il doit avant tout être respecté. Le nombre de dons de corps y est passé de soixante-huit mille en 1985, à deux cent quatre-vingt seize mille en 2019. Ce ne sont plus seulement les corps non réclamés par les familles qui terminent à la faculté de médecine. Les universités

1. Sabrina Fekih, « Donner son corps à la science, nouvelle tendance au Japon », *Les Échos*, 6 août 2019.

refuseraient même d'accueillir des cadavres faute de moyens matériels. Il est vrai que le Japon est un pays vieillissant et que, par conséquent, les demandes de cartes de donateurs explosent.

Pourtant, tous les pays ne pratiquent pas le don du corps. La plupart du temps, l'absence de centres du don est due à des motifs religieux. L'Algérie, par exemple, a arrêté de proposer des dissections aux étudiants en médecine dans les années 1970. Selon le rapport du groupe de travail sur le don du corps mis en place par le ministère de la Recherche et publié par le Comité consultatif national d'éthique le 1er juin 2021, les pays qui pratiquent le plus les dissections sont les États-Unis, les pays d'Amérique latine et d'Afrique. L'Europe semble donc un peu à la traîne. L'Italie avait même abandonné le don du corps dans les années 1970, elle aussi pour des raisons religieuses, mais a recommencé à pratiquer les dissections dans les facultés de médecine en 2020. La demande de corps frais ne cesse pour sa part d'augmenter malgré l'arrivée sur le marché de robots et autres simulateurs de corps humains très perfectionnés. Les pays en manque de corps, souvent des pays musulmans, toujours en raison de la religion, font parfois appel à des cadavres venus de l'étranger, essentiellement des États-Unis et d'Inde. Un de mes amis médecins parti faire un séminaire sur la dissection à la faculté d'Ankara, en Turquie, m'a expliqué que pour les séances, n'ayant pas à disposition de corps donnés à la science (à cause de motifs religieux), les professeurs locaux se servent de corps de vagabonds, obtenus sans leur consentement préalable. Il s'agit en général de personnes qui décèdent seules, sans famille, et dont les corps ne sont jamais réclamés à la morgue. Si après six mois, ils n'ont pas été récupérés par leurs proches, ils sont directement transférés au centre du don des corps. Le problème est qu'après un si long délai dans les chambres froides, ces cadavres ressemblent à des morceaux de cuir dur et ne présentent pas un grand intérêt pour les travaux anatomiques. On comprend alors aisément qu'il faille donc parfois se tourner vers des corps venus de l'étranger.

Ce qui est sûr, c'est que toute cette horreur jetée en pâture par les médias a fini par décourager de nombreux futurs donneurs. Certains ont carrément renoncé à léguer leurs corps à la science et ont déchiré leur carte de donateur, d'autres se posent maintenant la question. Lors d'une de mes rencontres avec Christophe Destrieux, neurochirurgien et professeur d'anatomie à l'université de Tours et en même temps vice-président de l'Association des dons du corps du Centre-Ouest, j'ai appris que l'affaire du charnier parisien avait réellement fait chuter le nombre de demandeurs de cartes permettant de donner son corps à la science.

Entre 2019 et 2020, selon un article paru sur le site de France Bleu, les promesses de dons du corps à Tours ont chuté d'environ 40 %[1]. Une baisse qui a continué en 2021, selon Christophe Destrieux. Thierry Gélinard, futur donneur et désormais président de l'association tourangelle, pointe du doigt l'affaire du charnier découvert à la faculté de médecine de Paris Descartes, qui a fait du tort à tous les centres du don de France, et s'inquiète des répercussions sur les dix prochaines années. Il semble que le manque de corps depuis la fermeture du CDC de Descartes pose déjà des problèmes pour la formation de certains étudiants. Lorsque le scandale a éclaté et que le centre a été fermé, la mère d'un étudiant qui avait relevé mon nom dans les médias

1. Romain Dézèque, « Tours : les dons de corps à la science en forte baisse après le scandale de Paris Descartes », France Bleu, 14 avril 2021.

m'a téléphoné. Elle était furieuse et inquiète pour son fils qui devait entamer un diplôme universitaire de chirurgie à Paris Descartes et qui avait déjà payé son année. Elle se demandait comment il allait faire pour poursuivre ses études en l'absence de corps et se former aux pratiques de sa future discipline médicale. Avant ce scandale, les CDC en France recevaient environ deux mille cinq cents à trois mille corps par an. Si les dons s'effondrent aujourd'hui, la qualité de l'enseignement et même de la recherche en sera affectée par voie de conséquence. Or, aucun robot, aucune réalité virtuelle, ne pourra jamais remplacer les tissus humains. C'est sur des cadavres par exemple qu'on apprend à suturer. Pour cela, il faut toucher la peau humaine. Il n'y a pas d'autre choix. Pour poser des prothèses, il semble que ce soit la même chose. Les professeurs qui ont travaillé sur les greffes de visages ou de mains se sont eux aussi entraînés sur des corps pour parfaire leur technique. Il serait totalement fou et dangereux de pratiquer pour la première fois et sans filet sur un être vivant malade tous ces gestes chirurgicaux qui requièrent une extrême précision. Certains pourraient penser que le don du corps est dépassé grâce aux nouvelles technologies. Pourtant, il n'en est rien.

Lors d'une de mes rencontres avec des anatomistes en 2020, au moment où nous réfléchissions ensemble aux moyens à mettre en place pour encadrer le don du corps en France, j'ai eu l'occasion de visionner un publireportage effectué au centre du don de Grenoble. On y voyait des mannequins reproduisant des humains que l'on remplissait de faux sang et que l'on ventilait pour simuler la vie. C'était extraordinaire et très réaliste, mais il ne s'agit pas pour autant d'un être vivant avec ses réactions inattendues, sa texture de peau ou d'organe. D'ailleurs, les chirurgiens ont un dicton, repris depuis des générations : « Jamais la première fois sur un vivant. » Ça dit bien ce que ça veut dire ! Suturer un pied de cochon, c'est très bien quand on débute et qu'on risque de se tromper et de faire des points grossiers, trop serrés ou mal espacés les uns des autres, mais après s'être bien entraîné sur un tissu animal, il paraît raisonnable de passer sur du tissu humain. Que dire de l'implantation de prothèses ou d'examens délicats ? Personne n'accepterait que son médecin ou son chirurgien lui pose une prothèse de hanche ou lui fasse une coloscopie sans s'être exercé au préalable sur un corps généreusement donné. Certains examens internes sont à risques. Risques de perforation d'organes par exemple, de sections de tendons ou d'artères. Les robots qui font de plus en plus le travail à la place des hommes sont quand même guidés par une main humaine et ils le seront toujours. Il faut aux spécialistes des heures et des heures de formation et de pratique avant de reproduire les mêmes gestes sur les vivants. En France, nous avons la chance d'avoir des centres du don des corps et de généreux donateurs. Nous devons, et cela n'engage que moi, continuer à encourager ces gestes altruistes qui ont depuis des décennies, permis à la médecine et à la chirurgie française d'atteindre des sommets en matière de compétence et d'excellence.

Reste à présent à redorer le blason des centres français. Cela prendra du temps, à la lumière des dégâts causés par cette affaire. Le décret du 27 avril 2022 sur l'encadrement du don du corps, sorti peu de temps avant le départ du gouvernement de la ministre de l'Enseignement supérieur, Frédérique Vidal, un mois plus tard, permettra peut-être d'avancer un peu si des aménagements de ce texte sont réalisés. Nous verrons ce que fera sa remplaçante, Sylvie Retailleau. Certains points seraient en effet tout simplement irréalisables – j'y reviendrai plus bas. Le financement des centres est un autre problème important lorsqu'on connaît l'état de la trésorerie des universités françaises. Parmi les avancées pour les familles de donneurs, le texte prévoit notamment l'entière gratuité du don. Car oui, le ministère s'est rendu compte qu'un don, c'était gratuit... Jusqu'à la publication du décret, donner son corps avait un coût. Dans certains centres, il était demandé au futur donateur de payer pour recevoir sa carte. Dans d'autres, ce sont les frais de transport du corps qui étaient à régler par la famille du défunt. Faute d'harmonisation, les conditions d'entrée variaient d'un centre à l'autre et il fallait débourser entre 200 et 900 euros environ pour faire don de son corps. Dorénavant, grâce au décret, s'il est appliqué, les transports des corps seront à la charge des centres.

Autre nouveauté théorique, car quasiment impossible à appliquer : les familles pourront récupérer les restes de leurs proches, après travaux anatomiques, pour incinération ou inhumation si le donneur en a émis le souhait. Après avoir interrogé des chirurgiens ou des préparateurs de corps, tous affirment que les corps sont fortement endommagés après les dissections et qu'il est donc peu souhaitable qu'ils soient restitués en l'état à leurs proches, même si le cercueil est fermé. Il est, selon eux, beaucoup plus souhaitable que seule l'urne funéraire soit restituée aux familles après la crémation. Pour veiller à ce que les volontés du défunt soient respectées, les futurs donateurs devront aussi désormais désigner une personne de confiance dans leur entourage. Ce texte de loi prévoit également la création de comités d'éthique au sein de chaque centre du don des corps, comprenant un collège dans lequel siégeraient un ou plusieurs donneurs ou membres de leurs familles. En revanche, et c'est pourtant crucial, ce décret ne dit pas comment les centres seront financés. Il n'est pas non plus prévu que des contrôles inopinés des centres soient effectués une ou plusieurs fois par an. C'est pourtant une des premières mesures à mettre en place si on veut avoir la chance de débusquer des irrégularités. Ce décret mérite de façon certaine d'être aménagé et amélioré. Le travail est loin d'être terminé.

Comment alors rassurer les personnes qui envisageaient de donner leur corps à la science et qui en ont été dissuadées par la découverte du charnier de Paris Descartes ? Pour certains, la confiance est rompue. Les centres du don pourraient faire connaître leurs activités et leurs besoins, mais il semble difficile de communiquer avec le grand public sur un sujet aussi délicat. Difficile d'imaginer une campagne publicitaire pour inciter les Français à donner leurs corps à la science avec visite guidée d'un CDC à l'appui. La mort est taboue et les gens sont aujourd'hui encore, pour la plupart, très mal à l'aise avec les sujets ayant trait à la fin de vie. Pour certains, il est plus facile de détourner le regard ou de se boucher les oreilles plutôt que d'affronter un sujet, certes terrifiant, mais qui pourtant nous concerne tous. Les mentalités semblent cependant commencer à bouger un peu dans le bon sens. On le voit dans des pays autrefois très traditionalistes et peu enclins à donner les corps des défunts, comme le Japon ou l'Espagne, où le nombre de dons n'arrête pas de grimper tous les ans[1]. Peut-être que si des personnalités médiatiques et crédibles se mobilisaient pour promouvoir le don du corps, nous pourrions arriver à faire accepter cette éventualité comme une fin de parcours pour certains d'entre nous. Sans oublier aussi d'en valoriser la démarche individuelle, en considérant cet acte citoyen comme une illustration de plus de ce mot qui scintille au fronton de la République, à côté de Liberté et d'Égalité : Fraternité.

---

1. Reito Kaneko, *« Body donations surge amid changing views of death in Japan », The Japan Times*, 15 avril 2019 ; Carmen Morán Breña, *« Más cadáveres que nunca para la ciencia »*, 7 décembre 2012.

Épilogue

Écrire ce livre a été comme un accouchement. C'est long, douloureux, mais une fois que c'est passé, on se sent libéré d'un poids. Parler, coucher les mots sur papier fait du bien. Jamais je n'aurais pu imaginer écrire un livre un jour. J'ai depuis ma plus tendre enfance eu envie d'écrire, mais je ne savais pas si j'en étais capable et surtout si mon histoire pourrait intéresser un éditeur et par la suite des lecteurs. Comme un nouveau signe de ma mère, avec ce scandale j'ai eu un prétexte tout trouvé pour me mettre à l'écriture. De nombreux auteurs l'ont déjà dit : écrire peut servir de thérapie. Dans mon cas, ça s'est vérifié. Lorsqu'on a livré par écrit ses maux, on a l'impression de s'être considérablement libérée, délivrée et d'avoir sorti de ses entrailles ce qui était en train d'y pourrir, de nous blesser. Écrire a été ma purge bienfaitrice.

Pendant quelques mois, j'ai hésité à prendre la plume pour évoquer cette découverte effroyable du charnier et ses conséquences sur mon psychisme, ma santé en général, le cours de ma vie. Je ne savais pas si certains membres de l'association CDJD allaient accepter le fait que je m'exprime sur le sujet. Je redoutais qu'on pense que je me livre au nom du collectif, ce qui n'est évidemment pas le cas. Après réflexion, j'ai bien réalisé qu'il n'y avait aucune ambiguïté. Qu'il s'agissait là de mon point de vue en tant que fille de victime et non pas en tant que vice-présidente de l'association à l'époque et simple membre aujourd'hui.

Cette douleur m'appartient. Chacun de nous perçoit différemment les événements qui se sont produits. En ce qui me concerne, l'annonce de la découverte de ce charnier a bouleversé ma vie à jamais. Le chagrin me colle à la peau, je le porte en moi tous les jours. Je me sens donc libre de l'exprimer comme bon me semble sans avoir de comptes à rendre. Écrire a parfois été difficile tant l'émotion me submergeait. J'écrivais tout en pleurant et la rage recommençait à s'emparer de moi. Ce que je croyais digéré ne l'était pas du tout. J'étais à nouveau en colère. Je suis repassée par des phases d'insomnie et j'ai recommencé à avoir des flashs qui surgissaient n'importe où, n'importe quand. Je revoyais des corps décharnés entassés dans les chambres froides, les têtes alignées sur des étagères, bouche béante et yeux révulsés. À la fin de la journée, j'étais épuisée comme après une longue épreuve sportive. Je sentais parfois mon cœur battre à tout rompre. J'ai commencé à avoir des malaises réguliers, sans raison particulière, même lorsque je me sentais parfaitement calme. Au bout de quelques mois, j'ai décidé de consulter une cardiologue qui m'a fait passer toute une batterie d'examens. Tout semblait normal jusqu'à la pose d'un holter, un petit appareil relié à des capteurs qui enregistre les battements cardiaques et qu'on garde vingt-quatre à quarante-huit heures sur soi. On a fini par découvrir que j'avais des tachycardies paroxystiques potentiellement graves, qui pouvaient me mener jusqu'à l'AVC. Mon cœur s'emballait à deux cent quatre-vingt-neuf pulsations par minute. Après une visite chez un rythmologue, il a fallu m'opérer d'urgence. Même si le lien entre ce désordre cardiaque soudain et la découverte du charnier de Descartes n'a pas pu être établi, certains médecins m'ont quand même parlé de l'influence du stress sur ce type de maladie.

Le personnel malveillant, voire criminel, du centre du don de Paris Descartes a décidément fait pas mal de dégâts et mérite d'autant plus d'être sévèrement puni. L'espoir de voir ces gens traduits un jour en justice et peut-être jetés en prison m'a aidé à tenir et à avancer. Le temps judiciaire ne fonctionne malheureusement pas comme le temps ordinaire. En France, une fois que l'information judiciaire est ouverte et que le juge commence les interrogatoires pour clore l'instruction, il peut se passer plusieurs années. En attendant, les victimes sombrent petit à petit dans la déprime tant qu'elles n'ont pas obtenu réparation. C'est ce qui se passe pour beaucoup de plaignants de mon entourage. Bien sûr, nous aimerions tous que le délai entre la découverte d'une telle horreur et la condamnation au tribunal soit plus court, mais l'engorgement actuel des tribunaux ne le permet pas. Si je n'étais pas raisonnable, je serais moi-même allée expliquer à ces gens ma façon de voir les choses. Mais finalement, régler les conflits par la violence physique me paraît aussi stupide et arriéré que ce qui a été commis dans les murs du CDC. Ces gens-là ne valent pas la peine de se salir les mains. Ils ne méritent que mon mépris. J'espère que les fantômes des cadavres qu'ils ont martyrisés les hanteront toutes les nuits et qu'ils réaliseront à quel point ils ont franchi les limites de l'acceptable. En France, nous disposons d'une justice établie et d'un État de droit pour régler les litiges, il faut y avoir recours. Mais la véritable question est : peut-on avoir confiance dans cette justice ? Je veux y croire encore. Je me dis aussi que s'il existe des soupçons légitimes de corruption, tous les protagonistes ne sont probablement pas à mettre dans le même sac. Il est pourtant indéniable que les médecins qui auraient trempé dans ce scandale semblent pour le moment plutôt épargnés par le système, à l'exception de Frédéric Dardel, mis en examen. Certains n'ont même pas été entendus par la juge d'instruction Carole Henry, qui a succédé à Adrien Lallement, ni par sa consœur Inès Chérichi, cosaisie du dossier et que j'ai rencontrée en décembre 2022.

Il arrive un moment où le sujet de la responsabilité des représentants des institutions pointées du doigt dans l'affaire Descartes doit être abordée sereinement, mais sûrement. Il est raisonnable de se demander comment des personnalités scientifiques et politiques haut-placées pouvaient-elles ne pas savoir, ne pas être au courant de ce qui se passe dans leur propre institution ?

Qu'en pensez-vous Frédéric Dardel, président de l'université Descartes de 2011 à 2019, puis conseiller de Frédérique Vidal, la ministre de l'Enseignement supérieur et de la Recherche ?

Et vous Guy Vallancien[1], ancien directeur du CDC, et de l'École européenne de chirurgie – gratifié d'un blâme par le conseil de l'ordre – ardent défenseur du Médiator dont vous avez nié la dangerosité ?

Et vous Antoine Tesnières, ex-vice-président de l'université pendant trois mois en 2020, conseiller Coronavirus d'Olivier Véran, alors ministre de la Santé (2020-2022) ? Et vous Gérard Friedlander, ancien doyen de la faculté de médecine de l'université Paris Descartes de 2014 à 2020 ? Que répondez-vous face aux failles visibles du système du don des corps qui fait scandale rue des Saints-Pères lorsque l'acharnement sur des morts généreux rattrape des familles encore marquées par le deuil, et secouées par le choc des révélations d'une tragédie qui réveille la révolte ?

1. Nous rappelons que, interrogé sur BFMTV le 28 novembre 2019 dans l'émission « BFM Story », le Dr Guy Vallencien a dit être au courant de certains trafics.

Nous sommes par ailleurs nombreux à ne pas comprendre le silence des ministères de la Santé ou de la Recherche face à nos courriers demandant à être reçus et entendus pour crier notre colère et notre désarroi. J'ai été écoutée c'est vrai, avec un autre plaignant de l'association CDJD, en décembre 2020 au ministère de la Recherche, dans le cadre d'un groupe de travail autour de la loi Bioéthique, mais notre association de victimes n'a jamais été directement contactée. Nous avons dû en faire la demande. Dans ce groupe de travail, piloté par Emmanuelle Prada-Bordenave, conseillère d'État et ex-directrice de l'Agence de la biomédecine, il y avait quelques anatomistes qui en avaient fait la demande, mais aussi des représentants de l'IGAS (l'Inspection générale des affaires sociales), de l'IGESR (l'Inspection générale de l'éducation, du sport et de la recherche), une philosophe, un doyen de faculté de médecine ou encore deux représentants de familles de donneurs. Nous n'avons jamais reçu le rapport qui a suivi ce rendez-vous et qui a été publié en juin 2021. De façon légitime, il me semble, nous avons de nouveau eu l'impression d'être ignorés par l'État alors que nous nous trouvons au cœur du problème.

Au fil de l'écriture de ce livre, mon rapport à la mort a changé lui aussi. J'évolue dans ma réflexion sur le devenir de mon corps après mon décès. J'ai dû me pencher sur le sujet plus tôt que prévu en raison de la situation qui ne m'en a pas laissé le choix.

Les centres du don des corps doivent dorénavant être surveillés de près et contrôlés régulièrement, de façon inopinée. C'est sans doute le plus important.

Il est également essentiel que le personnel qui travaille dans ces centres soit formé correctement et bien encadré. On doit valoriser le rôle de ces personnes qui tous les jours sont confrontées à des morts. Il me semble qu'il faudrait également une évaluation puis un suivi psychologique régulier de ces employés. Au moindre constat d'irrégularité, les autorités doivent suspendre le fonctionnement de ces centres et *a minima* faire payer des amendes aux responsables. Il faut absolument qu'une loi bien pensée et surtout bien aboutie, au-delà du décret qui en l'état ne peut visiblement pas être appliqué, encadre désormais le don du corps dans notre pays. Surtout, ces dispositions doivent être prises avec la plus grande rigueur. Il faut penser à tout. De l'harmonisation des centres français qui accueillent les sujets à l'information des familles et des futurs donateurs, en passant par la récupération éventuelle des corps ou des cendres une fois le travail terminé, tout doit être prévu, mais surtout réalisable ! La médecine a besoin de ces corps. On n'en parle pas assez car justement, c'est un sujet qui dérange et qui fait peur.

Il faut arrêter de se boucher le nez et de regarder ailleurs lorsqu'on parle de don du corps. Ces dons sont précieux et encore trop rares. Grâce à ces personnes généreuses qui ont confié leurs dépouilles aux centres du don, lorsque les chirurgiens vous opèrent, leurs gestes sont précis et sans danger parce que répétés maintes et maintes fois auparavant sur des corps sans vie. J'aimerais que même après ma mort, les générations futures n'oublient jamais les victimes de ce charnier ; leur générosité bafouée et l'injustice et l'horreur qu'elles ont subies. Comme les victimes civiles des guerres, j'aimerais qu'on leur rende hommage tous les ans en allant par exemple fleurir le carré qui leur est dédié au cimetière de Thiais et lors de cérémonies œcuméniques. J'aimerais que les médecins et étudiants en médecine consacrent un instant de recueillement dans les salles de dissection avant de travailler sur les corps qui leur sont confiés, juste le temps de réfléchir à la chance qu'ils ont de pouvoir s'exercer sur des corps humains parce que ces personnes, qui ont été vivantes avant de devenir des cadavres, ont choisi de les aider en leur confiant leur dépouille. Ce n'est pas rien. Aux États-Unis, dans certaines universités, ce rituel est respecté dans les laboratoires d'anatomie et cela me semble être la moindre des marques de respect à mettre en place avant de se saisir de son scalpel.

Remerciements

Merci aux éditions Plon pour cet accompagnement précieux, fidèle, et aux familles engagées dans le combat pour la vérité ; à l'association CDJD et à ses membres ; aux médias, de *L'Express* à *Paris Match*, en passant par France Info et RTL, de BFMTV à France 2 qui, en suivant leur éthique, ont fait le choix de révéler l'affaire, et plus particulièrement à Anne Jouan qui, la première, a compris qu'il y avait ici toutes les raisons d'ouvrir une enquête. Merci à Philippe Legrand, qui a su me redonner confiance, mettre des mots sur des ressentis enfouis, en me posant les bonnes questions pour écrire ce que je porte en moi depuis toutes ces années sans pouvoir ou oser le partager, en trouvant les distances suffisantes pour ne pas fléchir à la moindre tentative d'intimidation ou de harcèlement que j'ai pu subir. Mon témoignage et ces réflexions sur les corps, la mort, les marchands d'horreur, les paradoxes de notre monde entre vice et vertu ont ici toute leur raison d'être en venant s'ajouter aux débats de notre société. Merci à la justice de garder le cap, et à vous toutes et tous qui attendez de la vérité qu'elle condamne sans appel, à la lumière des faits, et qu'elle reconnaisse aussi les mérites de toutes celles et tous ceux, simples hommes et femmes d'honneur, qui sont au service des autres.

Table des matières

Pour en savoir plus
sur les Éditions Plon
(catalogue, auteurs, vidéos, actualités…),
vous pouvez consulter
www.plon.fr
www.lisez.com

lisez!

et nous suivre sur les réseaux sociaux

Editions Plon

@EditionsPlon

@editionsplon

#lisez! engagé
www.lisez.com

Pour plus d'information :

Imprimé sur du papier issu de forêts gérées durablement.

CET OUVRAGE A ÉTÉ ACHEVÉ D'IMPRIMER SUR ROTO-PAGE
PAR L'IMPRIMERIE FLOCH À MAYENNE EN MARS 2023

N° d'impression : 102353
Imprimé en France